Christiane Thim-Mabrey

Lis Brack-Bernsen

Alexander Fink

(Hrsg.)

Wissenschaft – Wirklichkeit – menschliches Handeln

III. Regensburger Symposium
vom 24. bis 26. März 2010

Christiane Thim-Mabrey

Lis Brack-Bernsen

Alexander Fink

(Hrsg.)

Wissenschaft – Wirklichkeit – menschliches Handeln

III. Regensburger Symposium
vom 24. bis 26. März 2010

Bibliografische Information der Deutschen Nationalbibliothek

Die Deutsche Nationalbibliothek verzeichnet diese Publikation in der Deutschen Nationalbibliografie; detaillierte bibliografische Daten sind im Internet über http://dnb.d-nb.de abrufbar.

Gestaltung und Layout: Craig Mabrey
Umschlaggestaltung: Stefan Grütner

Herstellung und Verlag: Books on Demand GmbH, Norderstedt

ISBN 978-3-844-81365-4

MIX
Papier aus verantwortungsvollen Quellen
Paper from responsible sources
FSC
www.fsc.org
FSC® C105338

Inhaltsverzeichnis

Zu diesem Band
Christiane Thim-Mabrey 7

Einführung:Wissenschaft – Sprache – Wirklichkeit
Christiane Thim-Mabrey, Deutsche Sprachwissenschaft 13

Wirklichkeit und Wahrnehmung
Alf C. Zimmer, Psychologie 29

Freiheit und Unfreiheit aus christlicher und neurobiologischer Sicht
Ulrich Eibach, Evangelische Theologie 43

Menschenbild und Neurowissenschaften
Peter Janich, Philosophie... 77

Wunder: Unaufgeklärte Restbestände eines modernen Wirklichkeits-verständnisses?
Ulrich Kropač, Katholische Theologie..................................... 105

Wunderglaube und Wirklichkeitserfahrung
Klaus Berger, Theologie... 127

Mitwirkende bei Symposium und Spring-School............................ 149

Zu diesem Band

Christiane Thim-Mabrey

Anknüpfend an das I. und II. Regensburger Symposium diskutierten auch beim III. Symposium im Jahr 2010 Wissenschaftlerinnen und Wissenschaftler aus verschiedenen Wissenschaften und mit unterschiedlichen, auch gegensätzlichen Welt- und Menschenbildern eine Fragestellung, die einerseits das Selbstverständnis der Wissenschaft und andererseits auch ein gesellschaftlich relevantes Thema betrifft. Der vorliegende Band dokumentiert, als mittlerweile dritter einer Reihe, Fragestellung und Vorträge des Symposiums.

Tatsächlich verstehen sich diese Bände, wie auch die Symposien, als aufeinander aufbauend und aneinander anknüpfend. Wiederholungen sollen vermieden werden, das methodisch bereits Erarbeitete soll für nachfolgende Symposien genutzt und möglichst vorausgesetzt werden können. Der thematische Schwerpunkt des Symposiums wurde auch dieses Mal im Vorbereitungsteam erarbeitet und nimmt auf, was im Verlauf der Diskussionen des vorausgegangenen II. Symposiums besonders stark nach einer ausführlichen Klärung über die Fach- und Weltbildgrenzen hinweg verlangte. Sehr wichtig für die Ausarbeitung des inhaltlichen Konzepts waren dabei auch auswertende Stellungnahmen einiger Teilnehmer des Symposiums 2009 und vor allem die das Grundkonzept ergänzenden und differenzierenden Anregungen von Prof. Dr. Peter Janich sowie ferner die über das Jahr 2009/2010 fortgesetzten Diskussionstreffen mit Teilnehmenden der Spring-School-Gruppe 2009. Aufgabenstellung und Ziel der Spring-School für Studierende und Doktoranden sind sowohl im einführenden Vortrag von Christiane Thim-Mabrey, „Wissenschaft – Sprache – Wirklichkeit" (in diesem Band) wie auch im Band zum II. Regensburger Symposium (Literaturverzeichnis ebd.) beschrieben.

Die Regensburger Symposien sollen dazu beitragen, dass sich in den Wissenschaften ein transdisziplinärer und zugleich trans-weltanschaulicher Diskurs etabliert, der sowohl an den Universitäten, in den verschiedenen Fächern, als auch in der Öffentlichkeit in seiner Relevanz und in seinen Anforderungen wahrgenommen wird und Auswirkungen hat. Der Diskurs soll sich auf solche Themenbereiche der Wissenschaften konzentrieren, die für gesellschaftliche Entscheidungen relevant sind und in die „weltbildliche", weltanschauliche Vorannahmen stillschweigend oder explizit miteinfließen. Dazu bedarf es einer sprachwissenschaftlich und wissenschaftstheoretisch fundierten Methodik, die letztlich auch nutzbar werden soll, um in gesellschaftlichen Entscheidungskontexten Unklarheiten in der Kommunikation, etwa zwischen befragten Experten und Befragenden oder zwischen Vertretern von nicht miteinander zu vereinbarenden Positionen, überhaupt zu erkennen und überwinden zu können. Auch die Entwicklung einer solchen Methodik ist Ziel der Symposien- und Spring-School-Reihe.

Für diesen konzeptuellen Rahmen ist es sehr wichtig, dass sich Vortragende und geladene Diskutierende darauf einlassen, schon im vorhinein thematisch an eine leitende Fragestellung gebunden zu sein und, im Fall der Vorträge, auch die jeweils erbetenen Themenaspekte aus ihrem Fachgebiet beizutragen. Dafür, diese ungewöhnliche Aufgabe in einem fachlich denkbar heterogen zusammengesetzten Kollegium übernommen zu haben, sind wir allen Mitwirkenden, Vortragenden wie auch geladenen Diskutierenden sehr dankbar.

Die Diskussionen nahmen auch in diesem Symposium, bei durchgehender Diskussionsleitung durch Prof. Dr. Peter Janich, einen breiten Raum ein. Vier geladene Diskutanten aus verschiedenen Naturwissenschaften (Prof. Dr. Roman Bauer, Physik, Marburg, Prof. Dr. Dr. Hans-Rainer Duncker, Physiologie und Anatomie, Gießen, Dr. Walter v. Lucadou, Psychologie und Physik, Freiburg, und Prof. Dr. Siegfried Scherer, Biologie, München) nahmen zu jedem Vortrag mit Fragen und Anmerkungen Stellung, bevor die Spring-School-Teilnehmenden wie auch anschließend die Allgemeinheit diskutierte. Ein Diskussionsblock mit den

Vortragenden galt dem möglichen Zusammenhang von wissenschaftlichem Ansatz und eigenen ethischen Positionen und wurde von Prof. Dr. Sigmund Bonk, Philosophie, Regensburg moderiert.

Die leitende Fragestellung des gesamten Symposiums, an der die Vorträge wie auch die Diskussionen stets ausgerichtet wurden, hieß:

Erfasst die Wissenschaft die Wirklichkeit? Definiert sie, was Wirklichkeit ist? Können und sollen wir unser Menschenbild und unsere darauf fußenden Entscheidungen (im privaten und öffentlichen Leben) an wissenschaftliche Erkenntnisse binden?

Vom Ende des Symposiums aus betrachtet und im Blick auf die sich entfaltende Dynamik der Diskussion ließ sich im abschließenden Fazit folgender roter Faden erkennen[1]:

Von unterschiedlichen Positionen her waren die Teilnehmerinnen und Teilnehmer des Symposiums in ihren jeweils eigenen Wirklichkeitsverständnissen herausgefordert, und zwar in einer Weise, die nicht nur akademisch-theoretisch und peripher blieb, sondern das eigene Selbstverständnis wesentlich berührte. Der erste Vortrag, „Wirklichkeit und Wahrnehmung" (Prof. Dr. Alf Zimmer, Psychologie, Regensburg), befasste sich mit der Wahrnehmungspsychologie unter dem Blickwinkel, dass wir einen wichtigen Zugang zur Welt und zur Wirklichkeit durch unsere eigene Wahrnehmung haben; diese allerdings kann getäuscht werden. Welche Konsequenzen hat dies also für unser Wirklichkeitsverständnis und für die Verlässlichkeit unseres intuitiven, spontanen, alltäglichen Wirklichkeitszugangs? Auch im zweiten Vortrag, „Willensfreiheit. Positionen der Hirnforschung" (Prof. Dr. Hans Flohr, Neurowissenschaften, Bremen)[2], wurde das Wort „Illusion" verwendet, nun verstanden als die Illusion, dass wir die Urheber unserer eigenen

---

[1] Der folgende Abschnitt basiert zum Teil auf der Zusammenfassung von Peter Janich, mit der er die Abschlussdiskussion einleitete.

[2] Dieser Vortrag ist im Einvernehmen mit Hans Flohr nicht in diesem Band enthalten, da die wesentlichen Inhalte bereits publiziert vorlagen: Hans Flohr, Der Raum der Gründe, Deutsche Zeitschrift für Philosophie 53 (2005) 5, S. 685-690.

Handlungen seien. In einem späteren Vortrag zur rechtswissenschaftlichen Sicht, „Willensfreiheit, Neurowissenschaften und rechtliche Schuld" (Prof. Dr. Reinhard Merkel, Rechtswissenschaften, Hamburg)[3], wurde dies wiederum aufgegriffen, da die Frage der juristischen Zurechnung von Schuld zu stellen und dabei zu erheben ist, wieweit die Erfahrungswissenschaften und die Naturwissenschaften insgesamt hierfür zuständig sind. Auch hier zeigt sich, dass wir in unserem Selbstverständnis herausgefordert sind, insoweit wir in einem Staat leben wollen, in dem Recht gesprochen wird und Rechtsnormen respektiert werden. Eben diese Frage der Zuständigkeit der Neurowissenschaften analysierte sprach- und methodenkritisch der Vortrag „Ein neues Menschenbild? Menschenbild und Neurowissenschaften" (Prof. Dr. Peter Janich, Philosophie, Marburg). Die Sicht der christlichen Theologie wurde ebenfalls dargelegt, zunächst als Gegenposition zu dem neurowissenschaftlichen Vortrag in Hinsicht auf das christliche Verständnis von Willensfreiheit: „Christliches Verständnis von Freiheit und die neurowissenschaftliche Infragestellung der Willensfreiheit" (Prof. Dr. Ulrich Eibach, Evangelische Theologie, Bonn). In zwei weiteren Vorträgen wurde sodann das Verständnis von Wirklichkeit in der Theologie behandelt, dies im Zusammenhang mit dem jeweiligen theologischen Verständnis des Wunders: „Wunder: Unaufgeklärte Restbestände eines modernen Wirklichkeitsverständnisses?" (Prof. Dr. Ulrich Kropač, Katholische Theologie, Eichstätt) und „Wunderglaube contra Rationalismus. Von welcher Wirklichkeit reden wir?" (Prof. Dr. Klaus Berger, Theologie, Heidelberg). Auch hier stand das Wirklichkeitsverständnis der Symposiumsteilnehmer, von einer ihrerseits nicht voraussetzungslosen Auffassung her, vor einer Herausforderung, die subjektiv unterschiedlich und abhängig von den Prämissen, die jeder für sich persönlich in das Symposium mitgebracht hatte, das Selbstverständnis tangiert oder nicht. Die Schärfe und das Engagement, das sowohl die Diskussionen als auch die Redner

---

[3] Auch dieser Vortrag erscheint im Einvernehmen mit Reinhard Merkel nicht in diesem Band, sondern in den wesentlichen Inhalten andernorts publiziert (Gerhard Roth/Heinz Georg Bamberger (Hrsg.), Schuld und Strafe - neue Fragen, München: C.H. Beck, erscheint demnächst.

gezeigt haben, resultierte zumindest zu einem Teil sicher auch eben daraus, dass alle von der Fragestellung in ihrem Selbstverständnis praktisch mitbetroffen sind. Der Hauptkonfliktpunkt der Kontroversen war dabei der teils so wahrgenommene, teils auch vertretene Totalitätsanspruch der Naturwissenschaften. Dessen Kritikern ging es nicht darum, naturwissenschaftliche Ergebnisse zu leugnen, sondern die Pluralität der Aspekte zu betonen, die erst gemeinsam zu einem in sich kohärenten Wirklichkeitsverständnis führen. Und auch, wer einen Aspekte-Pluralismus geltend machte, musste und muss sich mit dem Maßstab der Kohärenz seines Wirklichkeitsverständnisses messen lassen.

Die Vielfalt der bei diesem Symposium vertretenen Fächer und der deutlich und engagiert vertretenen Standpunkte und Meinungen führte die Pluralität der Aspekte, die für eine solche Fragestellung von gesellschaftlicher Tragweite geltend gemacht werden können, unübersehbar vor Augen. Auch dies ist ein Merkmal akademischer Bemühung um Erkenntnis, im Theoretischen wie im Praktischen, und es wurde insbesondere den Studierenden und Doktoranden, als potentiellen zukünftigen Entscheidenden wie auch als akademisch Nachwachsenden, deutlicher als in den üblicherweise fachlich homogenen Kontexten ihrer eigenen akademischen Ausbildung. Das Bemühen, transdisziplinär und transweltan-schaulich genau zu sprechen und vor allem auch zuzuhören, hat freilich noch große Hürden zu überwinden: Zunächst muss man selbst reflektieren und anderen nachvollziehbar erklären können, wo im eigenen Wissenschaftsbereich die Fachsprache auf jeweils eigene Weise einen jeweils eigenen Zugang dieser Wissenschaft zu der von ihr untersuchten Wirklichkeit versprachlicht. Dazu müsste man allerdings nicht nur die eigene fachbegründete Vorstellungswelt vor Augen haben, sondern bis zu einem gewissen Grad, über die eigenen Wissenschafts-grenzen hinaus, auch diejenige der Zuhörenden, und das heißt in diesem transdisziplinären und trans-weltanschaulichen Kontext, die Denksysteme anderer Fächer und Fachvertreter mit ihrer anderen Fachsprache (möglicherweise sogar mit

Überschneidungen in einzelnen Fachbegriffen!) zu verstehen suchen. Dem sind vielerlei Grenzen gesetzt, nicht zuletzt auch zeitliche Grenzen.

Allen, die mit ihren Beiträgen das Konzept dieses III. Regensburger Symposiums zum Tragen brachten und sich dabei auf die schwierige Aufgabe dieser trans*disziplinären* und trans-*weltanschaulichen* Kommunikation eingelassen haben, sei herzlich gedankt. Besonderer Dank gebührt Prof. Dr. Dr. Hans-Rainer Duncker für seine Mitarbeit beim Workshop der Spring-School für Studierende und Doktoranden sowie Prof. Dr. Peter Janich im Speziellen, der die Spring-School-Gruppe, wie schon im Jahr 2009, intensiv zum begrifflich genauen Hören anleitete und durch seine ergebnisorientierte Diskussionsleitung die Zielsetzung des Symposiums stets im Bewusstsein aller Diskutierenden hielt.

Dank gebührt ferner der Universität Regensburg und Rektor Prof. Dr. Thomas Strothotte für die Unterstützung sowie ganz besonders der Universitätsstiftung Lucia und Dr. Otfried Eberz für die großzügige Förderung. Für die umfangreiche technische Betreuung danken wir herzlich Stefan Grüttner, Kepler Forum, und für die vielfältig-praktische Unterstützung des Symposiums- und Spring-School-Ablaufes dem studentischen Team, Isabell Deml, Nathalie Glas, Christina Haunschild, Dina Heegen, Catharina Mabrey, Christina Obermeier, Daniel Rimsl; Annika Schölch, Katharina Sterl und Veronika Wölfl. Für die Herstellung der Druckvorlage dieses Buches sei schließlich Craig Mabrey herzlich gedankt, ebenso allen Mitwirkenden im Vorbereitungsteam, besonders Annette Ohrmann und Hans-Joachim Hahn vom Professorenforum, für die intensive Zusammenarbeit.

Einführung: Wissenschaft – Sprache – Wirklichkeit

Christiane Thim-Mabrey

(Deutsche Sprachwissenschaft, Regensburg)

1 Zum inhaltlichen Kontext des III. Regensburger Symposiums

Die ersten beiden Symposien hatten einen transdisziplinären Dialog zwischen verschiedenen Wissenschaften und Weltanschauungen mit christlicher, naturalistischer und kulturalistischer Prägung zum Inhalt. Es ging um naturwissenschaftliche Forschung, um ihre Implikationen für Menschenbilder, für das Verständnis des Universums, und dies alles angesichts des hohen Gewichts, das die Wissenschaft und insbesondere die Naturwissenschaften in unserer Gesellschaft haben in der Diskussion von Fragen, die durchaus eine große Tragweite für juristische, politische und ökonomische Entscheidungen haben. Klar wurde Einiges in diesem fortgesetzen Dialog, die Ergebnisse wurden in den entsprechenden Symposiumsbänden festgehalten.[4] Zu den Ergebnissen des Dialogs gehörte, dass Missverständnisse geklärt, aber auch Fragen neu gestellt wurden. An das schon Erarbeitete wird hier nun angeknüpft. Der große Vorteil einer jährlich fortgesetzten Symposienreihe ist ja, dass man „weiterreden" kann.

Seit 2009 ist mit dem Symposium jeweils eine Spring-School für Studierende und Doktoranden verbunden, die eine Methodik entwickeln und einüben, mit der sie wissenschaftliche Aussagen aus ihnen nicht durch ihr eigenes Studium zugänglich gewordenen Wissenschaften einschätzen lernen. Dies geschieht mit dem Blick darauf, dass sie eines Tages einmal diese Aufgabe im Beruf oder in gesellschaftlichen Entscheidungsfeldern haben könnten: Entscheidungen von großer Tragweite zu fällen, nachdem sie „Experten"-Einschätzungen gehört oder gelesen haben.

---

[4] Siehe Literaturverzeichnis.

Die Spring-School umfasst einen zweitägigen Workshop, der im Februar stattgefunden hat, sowie ausführliche vorbereitende Lektüre zu den Inhalten des Symposiums anhand von Literaturhinweisen der Vortragenden und beispielhafte schriftliche Ausarbeitungen sowohl vor als auch nach dem Symposium, das den zweiten Veranstaltungsteil der Spring-School bildet. Geleitet wird die Spring-School von Prof. Dr. Peter Janich und mir, in diesem Jahr in Zusammenarbeit mit Prof. Dr. Lis Brack-Bernsen und Prof. Dr. Hans-Rainer Duncker.

Ich veranstalte diese Symposien als Sprachwissenschaftlerin, weil mich die Problematik einer solchen Kommunikation über die Fachgrenzen hinweg, ihre Chance und ihre Notwendigkeit, bewegt und dazu gebracht hat, an einer Methodik zu arbeiten, die zu einer Verbesserung solcher Kommunikation beitragen soll.

Im Rahmen dieses Symposiums ist dies eine Kommunikation zwischen Vertreterinnen und Vertretern verschiedener Fächer und verschiedener Weltanschauungen und Menschenbilder, eine Kommunikation, die Studierende und Doktoranden einschließt und Themen hat, die auch in der Öffentlichkeit kontrovers diskutiert werden – all dies macht es für alle Beteiligten schwierig, sich verständlich zu machen und zu verstehen. Ich möchte deshalb einige Bemerkungen zu unserem Thema aus der Sicht einer Sprachwissenschaftlerin an den Anfang dieses Symposiums stellen.

2   *Wissenschaft – Sprache – Wirklichkeit*

Zunächst zu den beiden Stichwörtern, die im Titel des Symposiums als erste stehen: „Wissenschaft" und „Wirklichkeit". Für meine folgenden Überlegungen habe ich einen dritten Begriff zwischen sie gesetzt, und zwar „Sprache": Wissenschaft – Sprache – Wirklichkeit. Damit möchte ich den Blick auf die Frage lenken, ob und wie das Verständnis von Wissenschaft bzw. wissenschaftlichem Handeln einerseits und das Verständnis von Wirklichkeit andererseits durch sprachliche Mittel des Benennens (und Prädizierens) mitbeeinflusst sein kann. Ich setze zunächst einmal voraus, dass es eine Menge von Sachverhalten, Gegenständen, Zusammenhängen usw. gibt, die von einer oder mehreren/vielen

Personen für (die?) Wirklichkeit gehalten werden – „Wirklichkeit" also verstanden als Gesamtheit des „Wirklichen" bzw. für „wirklich" Gehaltenen. Die erste Frage, die ich stellen möchte, ist nun: Welche Bedingung müssen die Sachverhalte, Gegenstände, Zusammenhänge usw. nach Meinung der Betreffenden erfüllen, um von ihnen für wirklich gehalten zu werden? [5]

a) Müssen sie mit wissenschaftlicher Methodik analysiert worden sein bzw. prinzipiell analysier*bar* sein? Oder:

b) Müssen sie von den Betreffenden oder von ihren glaubwürdigen Gewährspersonen erfahren worden sein oder erfahren werden? Oder:

c) Müssen sie nur von den Betreffenden für *möglicherweise* „wirklich" gehalten werden, und wovon hängt dies für sie ab?

Die Bedingung c) erscheint auf den ersten Blick als eine völlig subjektivierte Entgrenzung dessen, was Personen für „Wirklichkeit" halten können und als „wirklich" geltend machen mögen. Allerdings kann man auch den Fall c) mit gutem Grund in Erwägung ziehen, wenn man nämlich

d) davon ausgehen möchte, dass die Menge dessen, was ist und was geschieht, größer ist – oder größer sein *kann* – als die Menge dessen, was die Bedingungen a) oder b) oder c) erfüllt.

Welche Bedingung ist für uns hier Anwesende die entscheidende? Wenn wir nach Bedingung a) das für „Wirklichkeit" halten, was mit wissenschaftlicher Methodik analysier*bar* ist, dann setzen wir die Gesamtheit dessen, was wir für wirklich halten, und die Gesamtheit dessen, worauf sich wissenschaftliche Analyse richten kann, gleich. Das heißt, die Möglichkeiten der wissenschaftlichen Methode(n), der Wissenschaft(en), begrenzen den Umfang unseres Begriffs „Wirklichkeit". Fraglich bleibt dabei allerdings, wie es einzuordnen ist, dass in der Wissenschaft Sachverhalte, Gegenstände, Zusammenhänge für möglich gehalten werden, die bislang noch nicht wissenschaftlich analysierbar sind. Wer sich deshalb für seinen

---

[5] Das Folgende in Anlehnung an Charles H. Kraft, Christianity with Power, S. 19.

Wirklichkeitsbegriff allein an der Bedingung a) orientieren will, geht unter Umständen an diesem Für-Möglich-Halten durch die Wissenschaftler selbst vorbei.

Wer sich ausschließlich an der Bedingung b) ausrichten will, findet ebenfalls unscharfe Übergänge zu anderen Bedingungen: Wie sind „Erfahrungen" als solche zu erweisen und wer sind die glaubwürdigen Gewährspersonen? Wenn dies Wissenschaftler sind und die wissenschaftliche Methode als solche das entscheidende Kriterium ist, so ist man wiederum bei der Bedingung a) angelangt und somit auch bei deren Verbindung zu Bedingung c): Wissenschaftler werden unter Umständen wiederum mit noch nicht „Erfahrenem", aber zukünftig „Erfahrbarem" rechnen, das heißt, damit, dass die Menge dessen, was einer empirisch überprüfbaren Erfahrung zukünftig zugänglich ist, größer ist als die Menge, dessen, was bislang bereits empirisch erfahrbar ist.

Und wie ist schließlich das Verhältnis von Bedingung d) zu den anderen? Gehen wir davon aus, dass die Gesamtheit dessen, was ist und geschieht, größer ist als alles, was erfahren und analysiert wurde bzw. sogar erfahr*bar* und analysier*bar* ist (Bedingungen a) und b)), dann bedeutet das: Die Gesamtheit des Wirklichen ist für uns dann Zugängliches und Erfahrbares ebenso wie Unzugängliches und Nicht-Erfahrbares – ohne dass wir freilich angeben können, woher wir das Wirklich-Sein in letzterem Fall erschließen. Diese Auskunft bleibt man auch schuldig, wenn man Bedingung c) für allein entscheidend hält: Was hieße es, dass man Sachverhalte, Gegenstände, Zusammenhänge für „möglich" hält, ohne dass dieses Für-Möglich-Halten an das Analysierbar-Sein oder das Erfahrbar-Sein geknüpft wäre?

Trotz dieser Schwierigkeiten gibt es Personen, die all dieses vertreten: „Wirklichkeit" ist die Gesamtheit dessen, was ist und geschieht. Oder: „Wirklichkeit" ist die Gesamtheit dessen, was ich (und Gleichgesinnte) für möglich halte. Oder: „Wirklichkeit" ist die Gesamtheit dessen, was ich (und glaubwürdige Gewährspersonen) erfahre. Oder: „Wirklichkeit" ist die Gesamtheit dessen, was mit wissenschaftlichen Methoden analysiert ist und analysierbar ist.

Welche Rolle spielt nun die Sprache zwischen „Wirklichkeit" und „Wissenschaft"?

Verbreitet ist ja die Auffassung, dass die Sprache *die Wirklichkeit beschreibt*. Ich würde vorsichtiger formulieren: Die Sprache *benennt* und *beschreibt* das, was wir für „Wirklichkeit" *halten*, und das wiederum heißt: was wir (mit je verschiedenen Bedingungen) zur Gesamtheit des „Wirklichen" zählen. Und streng genommen, ist es nicht die Sprache, die benennt und beschreibt, sondern Sprecher benutzen die Sprache in benennenden und beschreibenden Konstruktionen dazu, dies zu tun. Darüber hinaus entsteht jedoch auch gelegentlich der Eindruck, dass Sprecher die Sprache dazu einsetzen, „neue Wirklichkeiten" bzw. „neue Gegenstände" gleichsam zu „schaffen"; das heißt: Durch eine sprachlcihe Wendung entsteht der Eindruck, es „gebe" ein Etwas, eine Größe der mit dem Ausdruck bezeichneten Art – nur dadurch, dass eine Ausdrucksweise als Bezeichnung figuriert – und eine Bezeichnung ist immer eine Bezeichnung *von* etwas. Die Folge ist: Ein Hörer hört einen Ausdruck, der als Bezeichnung von etwas zu verstehen ist, und geht von nun an davon aus, dass es etwas so Bezeichnetes auch in der Wirklichkeit „gibt". Zumindest kann es sein, dass man allein aufgrund der verwendeten Bezeichnung für möglich hält, dass es etwas so Bezeichnetes auch gibt. Ein Beispiel: Eines der bekanntesten Kinderbücher, „Pippi Langstrumpf" von Astrid Lindgren, enthält die kleine Episode, wie Pippi ein neues Wort „findet", „Spunk", von dem sie nun, wie sie sagt, nur noch herausfinden muss, was es bedeutet. Ihre Methode: Sie geht in verschiedene Einzelhandelsgeschäfte und verlangt, passend zum Verkaufssortiment, „eine Tüte Spunk" oder „eine Schachtel Spunk". Ihre Gegenüber antworten nie: „Dieses Wort gibt es nicht", sondern immer in einer Art, in der sie ebenso wie Pippi präsupponieren, dass es „Spunk" gibt und dass er theoretisch von der im Geschäft angebotenen Warenart ist, also etwa: „Spunk habe ich leider nicht im Sortiment" oder „Spunk ist gerade ausgegangen". Durch das Wort, das Pippi benennend verwendet, erzeugt sie bei ihren Adressaten die Annahme, dass das so Benannte „wirklich" ist.

Ein anderes Beispiel, in dem die Verwendung einer Bezeichnung neue Sachverhalte nach sich gezogen hat, wurde kürzlich auf einem Symposium zu Fragen der Lehrerausbildung kritisch thematisiert: Das Wort „Fach", im Sinne von ‚Universitätsfach', ist im Laufe der Zeit auch in ein neues Kompositum eingegangen: „Fachdidaktik", das einen längst eigenständig gewordenen, in Forschung und Lehre vertretenen Bereich der Lehramtsausbildung darstellt. Nachdem dieses Wort sich als Bezeichnung für diesen Bereich etabliert hatte, kam es zu einer neuen Wortbildung, parallel zu „Fachdidaktik" entstand „Fachwissenschaft" als Bezeichnung für den nicht fachdidaktischen Teil des Lehramtsstudiums. Obwohl sich zum Beispiel in Regensburg, wie auch anderswo, das „Fach" Germanistik in fünf bzw. sechs „Teilfächern" mit eigenen Lehrstühlen bzw. Professuren gliedert, von denen einer die „Fachdidaktik" vertritt, suggeriert das nun neu entstandene Begriffs*paar* „Fachdidaktik" und „Fachwissenschaft" eine nicht vorhandene Zweiteilung des „Fachs" Germanistik oder des Lehramtsstudiums Deutsch. Weiterhin suggeriert es einen nicht gewollten semantischen Gegensatz zwischen den Grundwörtern der beiden Komposita: „-didaktik" als *Gegensatz* zu „-wissenschaft". Und schließlich gerät auch die Deutung des Kompositums „Fachwissenschaft" selbst gänzlich aus den Fugen. Denn wenn „Fachdidaktik" die „Didaktik des Fachs", zum Beispiel des wissenschaftlichen Fachs Germanistik bzw. der fachlichen Inhalte, erforscht und lehrt, so lässt sich doch in keiner irgendwie bedeutungsvollen Weise sagen, dass die „Fachwissenschaft" die ‚Wissenschaft des Fachs Germanistik' erforscht und lehrt. Die neue Bezeichnung „Fachdidaktik" hat also eine zweite neue Bezeichnung, „Fachwissenschaft", nach sich gezogen, und dies hatte zur Folge, dass die so benannten Sachverhalte in einer Zweiteilung und Gegensätzlichkeit als gegeben angenommen werden, die es in der Instituts- und tatsächlichen Fachstruktur so gar nicht gibt.

In der Sprache geht es aber nicht nur um Benennnungen in Form von Wörtern, sondern auch um Aussagen. Hierzu ein Beispiel, das mit unserer Thematik zu tun hat: „Menschliches Handeln", das dritte thematische Schlagwort unseres Symposiumstitels, führt uns ja zu der Frage nach einem Menschenbild, in dem es um die Möglichkeit von Willensfreiheit geht. Das deutsche Wort „wollen" ist die

Basis für das davon abgeleitete Substantiv „Wille" in der Bedeutung ‚Absicht, Wunsch, Entschluss'.[6]

„Etwas wollen" ist nun aber nicht mehr nur ein Wort, sondern eine Fügung aus zwei Wörtern, die im textuell anschließenden Satz z.B. in nominalisierter Form wiederaufgenommen werden kann: „Er wollte unbedingt, dass der Vorschlag kostengünstig gestaltet wird. Das war *sein Wille*, und den haben wir versucht umzusetzen." Mit „sein Wille" und „den" ist lediglich gemeint: ‚das, was er wollte'. – Ähnlich könnte man die Fügung „etwas aus freien Stücken tun wollen" nominalisiert wiederaufnehmen mit „diese frei gefasste Absicht" oder, etwas künstlich: „dieses Frei-etwas-tun-Wollen". Sehr viel weniger künstlich und üblich lautet dagegen die gleichbedeutende Formulierung: „Das war sein freier Wille." Und wenn man schließlich äußert, dass der Mensch „einen freien Willen hat" oder dass „sein Wille frei ist", dann wäre dies eigentlich nur gleichbedeutend mit: ‚Er hat die Möglichkeit, etwas frei zu wollen'. Aber es geschieht eine Verschiebung: Die Nominalisierung „der freie Wille" *erlaubt* es, anschließend zu fragen: „Was *ist* der freie Wille?", womit dann, weitergehend sich verselbständigend, nicht eine konkreter, zeitlich lokalisierter Zustand des Wollens gemeint ist, sondern die Fähigkeit zum Wollen oder eine kognitive oder emotionale „Ausstattung" des Menschen, die ihn in die Lage versetzt, wollen zu können, oder sogar ein Recht, auf das er Anspruch hat.

Wie bei den sogenannten Vexierbildern oder Kippfiguren (in derselben Porträtzeichnung lässt sich etwa eine alte oder eine junge Frau erkennen), die man aus der Wahrnehmungspsychologie kennt, kann es in nominalisierten sprachlichen Formen ebenfalls geschehen, dass, was quasi eben noch nur die Substantivierung einer Fügung mit einem Verb war und dadurch einen konkreten Zeit- und Situationsbezug hatte (z.B. „Das war sein freier Wille."), plötzlich in eine generalisierte, existenzpräsupponierende Lesart „kippt": „Was heißt denn da ‚freier Wille', den gibt es doch gar nicht." An diese kann sich eine Diskussion

---

[6] Vgl. zu diesem und den nachfolgenden etymologischen Angaben Wolfgang Pfeifer, Etymologisches Wörterbuch des Deutschen, 1989.

anschließen, die wir hier zum Teil führen werden: „Gibt es den freien Willen?"
Worauf es mir ankommt, ist dies: Dass die Frage überhaupt so gestellt werden kann
und naheliegt, kommt erst durch die nominalisierte Formulierung zustande!
Andernfalls müsste man eine Frage anders formulieren, nämlich ob man etwas
„frei wollen" kann. Wenn man sich aber so ausdrückt, dass man nach dem „freien
Willen" fragt, dann liegt wiederum eine weitergehende Interpretation nahe,
nämlich die nach einer im Menschen irgendwo lokalisierten Entität oder Kapazität
– wohlgemerkt allein aufgrund des sprachlichen Ausdrucks. Und schließlich kann
man auch weiterfragen: „*Gibt es* Willensfreiheit?" und meint doch eigentlich,
zunächst nur auf konkrete Situationen beschränkt: „*Kann jemand* etwas frei
wollen?" Es fällt sogar als merkwürdige Tatsache auf, dass man die Frage nach
dem „freien Willen" auch als Frage nach der „Willensfreiheit" formulieren kann,
obwohl dann auch noch das Verhältnis von Allgemeinerem und Spezifizierendem
im Kompositum gegenüber dem Ausdruck „freier Wille" vertauscht ist!
Möglicherweise ist dies sogar ein sprachliches Indiz dafür, dass es hier kein
stringentes Referenzobjekt gibt?

Wir sind nicht in erster Linie hier versammelt, um die sprachlichen Verhältnisse zu
überprüfen, aber solche Beispiele sollten doch aufmerksam darauf werden lassen,
in welchen Weisen zu verschiedenen Zeiten und in verschiedenen
Zusammenhängen über bestimmte Vorstellungen geredet und gedacht wird.
Sprachliche Vexierbilder, in denen Bedeutungen kippen und umschlagen, hier: von
einer konkreten zeitbezogenen Handlung (bzw. Vorgang oder Zustand) hin zur
zeitunabhängig generalisierten Eigenschaft (oder Fähigkeit oder physio-
psychologischen Ausstattung mit etwas), können in transdisziplinären und
transweltanschaulichen Konstellationen zu einem Verständigungsproblem führen,
wenn man sie nämlich nicht bemerkt und in ihrer Neigung zum „Kippen" dingfest
macht. Bedenkenswert ist aber darüber hinaus, dass wissenschaftliches Fragen und
Forschen möglicherweise in unterschiedliche Richtungen geht, je nachdem, welche
sprachliche Formulierung am Anfang der Suche nach Gegebenheiten,
Zusammenhängen oder Erklärungen steht. An unserem Beispiel: Ist der „freie
Wille" Gegenstand der wissenschaftlichen Forschung, Modellbildung und

Argumentation, oder ist es die „Willensfreiheit", oder ist es der Vorgang bzw. Zustand, dass Menschen „etwas wollen"? Ja, selbst das persönliche Wirklichkeitsverständnis kann unbemerkt von sprachlich Formuliertem geprägt sein, nämlich zum Beispiel in jener Variante, in der „Wirklichkeit" verstanden wird als Gesamtheit dessen, was man für möglich hält – und dann jedoch auch manches allein deshalb für möglich gehalten wird, weil eine substantivische Versprachlichung wie „der Wille" oder „ein Spunk" das Vorhandensein von etwas so Benanntem suggeriert.

3   Etymologische Hinweise

Um dem vorzubeugen, dass die für dieses Symposium zentralen Begriffe unbemerkt mehrdeutig verwendet und gedeutet werden, möchte ich einige kurze etymologische Hinweise zur Bedeutungsentwicklung der jeweiligen Wörter beitragen. Dazu benutze ich die Angaben im Etymologischen Wörterbuch des Deutschen[7], die wohlgemerkt nicht den Anspruch philosophischer Begriffsdefinitionen erheben, sondern die in überlieferten Quellen nachweisbare oder für prähistorische Zeiträume rekonstruierte Wortbedeutung nachzeichnen sollen. Durch die Aneinanderreihung der geschichtlichen Bedeutungsentwicklung dieser Wörter entwickelt sich allerdings, wie mir scheint, tatsächlich annähernd das ganze Feld der Thematik unseres Symposiums.

Das erste Wort ist „Wissenschaft". Als *heutige Bedeutung* wird angegeben: ‚(organisierte) Form der Erforschung, Sammlung und Auswertung von Kenntnissen', als Bedeutung im *Mittelhochdeutschen*: ‚Wissen, Kenntnis, Kunde', für die *Zeit der Aufklärung*: ‚Bezeichnung einer gelehrten Disziplin'. Das Wort wird abgeleitet von „Wissen", in der *heutigen Bedeutung*: ‚durch Forschung und Erfahrung erworbene Kenntnisse, geistige Erkenntnis', und dieses wiederum von „wissen", in der *heutigen Bedeutung*: ‚gelernt, erkannt, erfahren und im Gedächtnis haben'. Das Verb „wissen" ist ursprünglich zu *lat.* „videre" (u.a.) ‚sehen, wahrnehmen, erkennen' zu stellen; über den Weg einer alten Perfektform in der

---

[7] Vgl. dazu Wolfgang Pfeifer, Etymologisches Wörterbuch des Deutschen, 1989.

21

Bedeutung ‚gesehen haben' hat sich die Bedeutung verschoben: ‚gesehen haben und deshalb nun wissen'. – Wir finden in dieser Bedeutungsgeschichte also eine ursprüngliche Verbindung des Wortes zum Wahrnehmen (Sehen), Erkennen, Erfahren, Lernen, Im-Gedächtnis-Bewahren, Kennen, dann aber auch die Herausbildung der Bedeutung ‚Disziplin mit einer spezifischen Methodik' des Erforschens und des Schlüsseziehens, wobei die Ergebnisse als „Wissen" festgehalten werden.

Ein Wort, das zu dem Wort „wissen" in enger Nachbarschaft steht, ist „Gewissheit". Worin besteht eigentlich der Unterschied, den wir heute zwischen „ich weiß das" und „ich bin mir dessen gewiss" empfinden (abgesehen davon, dass Letzteres stilistisch schon von vielen als Archaismus mit stark eingeschränkter Einsetzbarkeit empfunden wird). Als *heutige Bedeutung* wird verzeichnet: ‚Sicherheit, Bestimmtheit', im *Mittelhochdeutschen* ‚Bürgschaft, Pfand'. Abgeleitet ist es von „gewiss", in der *heutigen Bedeutung* ‚sicher, bestimmt, unbestreitbar', das wiederum mit der Wurzel von „wissen" zusammenhängt. Aus der Ausgangsbedeutung entwickelt sich also: ‚was gesehen worden ist und daher gewusst wird' ist ‚sicher, unbestreitbar'. Allerdings kommt es zu einer interessanten Weiterentwicklung in der Verwendung „unter gewissen Bedingungen": Diese sind nämlich gerade ‚Bedingungen, die man nicht genau angeben kann oder will'. Und wenn man sagt „Gewiss haben sie sich nur verrechnet", dann drückt man darin eine starke, wohlbegründete Vermutung (oder Hoffnung) aus, aber eben nicht etwas ‚Gewusstes'.

Nun zum Wort „Wirklichkeit": Die *heutige Bedeutung* ist laut Wörterbuch ‚tatsächliche Existenz, Realität' – wobei zu fragen wäre, ob im heutigen Sprachgebrauch nicht manchmal auch ein Unterschied zwischen „Wirklichkeit" und „Realität" empfunden wird – , *mhd.*: ‚Tätigkeit, Wirksamkeit, Aktivität'. Es handelt sich um eine Ableitung zu „wirklich" in der *heutigen Bedeutung* ‚tatsächlich, real' (16. Jh.), im *Mittelhochdeutschen* noch ‚tätig, wirksam, wirkend'. Dieses wiederum ist eine Ableitung zum Verb „wirken", dessen *heutige Bedeutung* als ‚arbeiten, tätig sein, Einfluss ausüben, Eindruck machen' angegeben wird, *mhd.*

‚tätig sein, handeln, arbeiten, er-, bewirken, verfertigen, schaffen'. – Auch hier finde ich eine Verknüpfung zu den weiter oben angestellten Überlegungen dazu, was verschiedene Personen als Gesamtheit dessen, was wirklich ist, auffassen mögen: einerseits, nach Bedingung d), als Menge dessen, was „tatsächlich" ist oder geschieht, andererseits, nach Bedingung b), als Menge dessen, was erfahren wird oder erfahren werden kann, weil es erfahrbare ‚Wirkungen ausübt'.

Das nächste Substantiv im Titel unseres Symposiums ist die substantivierte Form des Verbs „handeln". Die *heutige Bedeutung* ist ‚etwas tun, tätig sein, Handel treiben, feilschen, betreffen'. *Ursprünglich* eine Ableitung zu „Hand" im Sinne von ‚in die Hand nehmen, nach etwas greifen', *dann* ‚behandeln, bearbeiten'.

Im Zusammenhang mit dem „menschlichen Handeln" ist weiterhin das Wort „Mensch" von Interesse: Die *heutige Bedeutung* ist angegeben als ‚höchstentwickeltes gesellschaftliches Lebewesen mit der Fähigkeit zu arbeiten und zu denken', über vorausgehende andere Bedeutungen finden sich auffälligerweise keine Angaben. Ferner wird es als Ableitung zu „Mann" ausgewiesen, als dessen *Ausgangsbedeutung* (unabhängig vom Geschlecht) zwei Möglichkeiten angesetzt werden, entweder ‚denkendes Wesen' oder ‚das Aufragende, das aufrechtgehende Wesen'.

Zur Thematik des Symposiums gehört insbesondere die Frage nach der Verantwortlichkeit der Menschen für ihr Handeln, vor allem angesichts unterschiedlicher Schlussfolgerungen, die man aus den Ergebnissen der Hirnforschung ziehen kann. Dies führt uns zum nächsten Wort, „Gewissen", dessen *heutige Bedeutung* ‚Vermögen des Menschen, sein Verhalten sittlich einzuschätzen' ursprünglich auf ein Partizip von „wissen" zurückgeht, das nach einer späteren Substantivierung zu einem Abstraktum (11. Jh.) den Versuch darstellt, lat. „conscientia" wiederzugeben: ‚Bewusstsein moralischer Handlungen', eigentlich ‚das Mitwissen' (lat. „scientia" mit der Bedeutung ‚Kenntnis, Wissen, Wissenschaft [!]')

Das Wort „Wille" hat als *heutige Bedeutung*: ‚feste Absicht, Vorsatz, auf ein Ziel gerichtetes Streben und Trachten, Verlangen' und ist eine Abstraktbildung zu

„wollen", dessen *heutige Bedeutung* als ‚wünschen, fordern, die Absicht haben' und dessen *Ausgangsbedeutung* als ‚wählen, vorziehen' angegeben wird. – Mit der Wahl ist eine Entscheidung verbunden, bei der man einer Alternative den Vorzug gibt.

Schon von den im Wörterbuch verzeichneten früheren und heutigen Bedeutungen der betrachteten Wörter her kann man sehen, wie manches von dem, was uns bei diesem Symposium beschäftigen wird, ineinander fließt. Ergänzend möchte ich noch ein weiteres, heute in den Medien oft benutztes Wort aufgreifen, das ich schon zu Beginn meiner Ausführungen einmal verwendet habe, das Wort „Experte". Wissenschaftlerinnen und Wissenschaftler wie die hier versammelten gelten für solche Gegenstände und Fragen, die mit ihrem Fach zu tun haben, als „Experten", sie werden in gesellschaftlichen Entscheidungsprozessen als eine Art übergeordnete Instanz befragt und ihre Auskünfte haben einen gewissen autoritativen Rang bei der Entscheidungsfindung. Das Wörterbuch nennt als *heutige Bedeutung* lediglich ‚Sachverständiger' und erläutert die Herkunft des Wortes im 19. Jh. aus frz. „expert" ‚erfahren, nach lat. „expertus" ‚erfahren, kundig, erprobt, bewährt'. Hier fällt wieder der Aspekt des „Erfahren-Habens" bzw. „Erfahren-Seins" ins Auge. Über „expertus" kommen wir zum Wort „experimentieren", in seiner *heutigen Bedeutung* ‚(wissenschaftliche) Versuche machen' – insbesondere in den Naturwissenschaften – zu lat. „experiri" ‚versuchen, probieren'.

Nach diesen kurzen Tupfern auf die Verwendung der Wörter, mit denen wir es hier zu tun haben werden und über die wir bzw. *mit* denen wir uns auseinandersetzen werden, könnte und müsste man eigentlich noch vieles sprachwissenschaftlich ergänzen, um dem vielfältigen semantischen Gebrauch dieser Wörter gerecht zu werden. Ich möchte es aber hierbei belassen, denn auch dazu ist dieses Symposium da, dass wir zu weiteren Klärungen finden, die dann nicht auf den alten oder den vermuteten Alltagssprachgebrauch abzielen, sondern auf die Bedeutungen, um die es uns hier im differenzierenden transdisziplinären und auch trans-weltanschaulichen Kontext gehen muss.

4 Transdisziplinäres Hören: Zur Aufgabe der Spring-School-Gruppe

Die Spring-School-Teilnehmerinnen und –Teilnehmer haben die Aufgabe, ihre kommunikative Rolle als transdisziplinär – und trans-weltanschaulich – Hörende bewusst zu reflektieren und gezielt auszufüllen. Das Ziel der gesamten Spring-School ist ja, wissenschaftliche Aussagen einschätzen zu lernen. Die Spring-Schooler haben sich darauf festgelegt, sich auf jeweils einen der Vortragenden besonders zu konzentrieren und ihn in seinen Aussagen und Auffassungen während des ganzen Symposiums zusammenhängend kennen zu lernen. Dabei soll die Kommunikationsrichtung im Blick behalten werden, die ich in meinem Vortrag beim letztjährigen Symposium 2009 ausführlich dargelegt habe und die im zugehörigen Symposiumsband publiziert ist[8]: Demzufolge liegt, zumindest in Entscheidungskontexten, in denen zunächst Experten gehört werden, auf der Seite der Hörenden ein wesentlicher Teil der Verantwortung für die transdisziplinäre Kommunikation, da die Hörenden diejenigen sind, die eine bestimmte konkrete Fragestellung im Blick behalten müssen. Die Spring-Schooler stehen zwar nicht in einer Entscheidungssituation, aber sie üben diese Kommunikationsaufgabe, indem sie folgende Aspekte klären sollen:

1. Was ist ihre eigene Fragestellung, aus der heraus sie einen Vortrag des Symposiums anhören bzw. die sie an das gesamte Symposium herantragen? Beantwortet der Vortrag bzw. das Symposium sie ganz oder teilweise?

2. Welche Schlussfolgerungen ergeben sich aus einem Vortrag für die Fragestellung des Symposiums? Die leitende Fragestellung liegt allen Anwesenden auf dem Programm vor, sie lautet:

---

[8] Transdisziplinäre Kommunikation als Basis von Entscheidungen. In: Brack-Bernsen, Lis / Täuber, Daniela / Thim-Mabrey, Christiane (Hrsg.), 2010, S. 43-59. Der Aufsatz wurde in der Spring-School behandelt und allen Symposiumsteilnehmern zur vorbereitenden Lektüre zugesandt.

Erfasst die Wissenschaft die Wirklichkeit? Definiert sie, was Wirklichkeit ist? Können und sollen wir unser Menschenbild und unsere darauf fußenden Entscheidungen (im privaten und öffentlichen Leben) an wissenschaftliche Erkenntnisse binden?

3. Gibt es eine inhaltliche Brücke zwischen den getroffenen Aussagen in den Vorträgen und den Aussagen zu den ethischen Vorstellungen und Grundannahmen der Vortragenden, soweit sie im Zusammenhang der Diskussionen zur Sprache kommen?

Diese Fragen geben den Spring-School-Teilnehmenden den Rahmen ihres transdisziplinären Hörens. Innerhalb dieses Rahmens versuchen sie den Vortrag und die anderen Aussagen zu verstehen – und das bedeutet: Sie unterscheiden zwischen Teilen des Vortrags, die für ihre eigene Fragestellung relevant oder nicht relevant sind, und arbeiten in erster Linie am Verstehen der für sie relevanten Teile. Und auch nur bei diesen ist es nötig, dass sie beim Zuhören festhalten, was sie nicht verstanden haben. Beim Treffen der Spring-School am Abend jedes Tages des Symposiums wird verglichen und besprochen, welche Ausdrucksweisen oder Inhalte der Vorträge nicht verstanden wurden und welche davon so zentral waren, dass in einem Ernstfall, also einem Entscheidungsfall, beim Vortragenden nachgefragt werden müsste. Darüber hinaus halten die Spring-Schooler fest, was von dem für die eigene Fragestellung Relevanten im Vortrag nicht erwähnt wurde und deshalb aus ihrer Sicht eine Nachfrage erforderlich macht. Dies können im Fall von Entscheidungskontexten unter Umständen Gesichtspunkte sein, die für die zu einer Stellungnahme geladenen Experten im rein fachlichen Kontext nicht so zentral sind und deshalb unerwähnt bleiben, während sie in der öffentlichen Diskussion ein größeres Gewicht haben.

Sehr wichtig sind die hier verwendeten Begriffe, die Frage also, wer welchen Begriff wie verwendet, da auch bei den vorangegangen Symposien schon deutlich wurde, dass ein und derselbe Begriff je nach Sprecher und Fachzugehörigkeit Unterschiedliches bedeuten kann. Auch hierauf sollen die Spring-School-Teilnehmer besonders achten und gegebenenfalls nachfragen, ob der Begriff dasselbe oder anderes als in früheren Verwendungen durch andere Sprecher bedeutet.

Dieses bewusste, transdisziplinär methodisch reflektierende Zuhören kann von allen hier Anwesenden ausprobiert werden. Erste Übungen im Rahmen des Spring-School-Workshop haben gezeigt, wie aufwendig ein solches Vorgehen ist, im Ernstfall einer gesellschaftlichen Entscheidung aber auch sein *muss*. Nur so bleibt auch der Einfluss der jeweiligen sprachlichen Formulierungen auf das Verständnis von Wissenschaft und Wirklichkeit nicht unbemerkt.

Literaturverzeichnis

Brack-Bernsen, Lis / Täuber, Daniela / Thim-Mabrey, Christiane (Hg.): Naturwissenschaftliche Aussagen und sozial verantwortbare Entscheidungen. Norderstedt: Books on Demand 2010.

Hahn, Hans-Joachim / McClary, Richard / Thim-Mabrey, Christiane (Hrsg.): Atheistischer und jüdisch-christlicher Glaube: Wie wird Naturwissenschaft geprägt? Norderstedt: Books on Demand 2009.

Kraft, Charles H.: Christianity With Power. Your Worldview and Your Experience of the Supernatural, Eugene, OR: Wipf & Stock Publishers.

Pfeifer, Wolfgang: Etymologisches Wörterbuch des Deutschen, 3 Bde, Berlin-Akad.-Verl. 1989.

Thim-Mabrey, Christiane: Transdisziplinäre Kommunikation als Basis von Entscheidungen. In: Brack-Bernsen, Lis / Täuber, Daniela / Thim-Mabrey, Christiane (Hrsg.), Norderstedt: Books on Demand 2010, S. 43-59.

Wirklichkeit und Wahrnehmung

Woher kommt die Ordnung der erlebten Welt?

Alf C. Zimmer

(Psychologie, Regensburg):

Mit dem Staunen darüber, wie es Organismen gelingt, sich aufgrund von Sinneseindrücken in einer Welt zu behaupten, die durch diese Sinneseindrücke nur sehr indirekt widergespiegelt wird, beginnt in der Geschichte der Philosophie die Epistemologie.

Demokrit hat die Ausgangslage sehr prägnant beschrieben: „Die Begriffe ‚farbig‘, ‚süß‘, ‚bitter‘ sind reine Setzungen (nomoi)." Demokrit beließ es aber nicht bei dieser skeptischen Position, sondern er wies dem wahrnehmenden Subjekt eine aktive Rolle bei der Verarbeitung der Sinneseindrücke zu. „Wenn der Gegenstand der Wahrnehmung zu klein wird, als dass ihn die unechte Erkenntnis vermittels des Gesichts, Gehörs, Geruchs, Geschmacks und Gefühls noch erfassen könnte, und man feinere Untersuchungen anstellen muss, dann tritt die echte Erkenntnis ein, die im Denken ein feineres Organ besitzt." Diese im Grunde konstruktivistische Auffassung von Wahrnehmung lässt Demokrit allerdings auch nicht unhinterfragt stehen, sondern lässt die Sinne gegenüber dem Geist einwenden: „Von uns erhältst Du die Grundlage deines Denkens, die du dann dazu benutzt, uns zu unterminieren. Durch den Versuch, uns zu zerstören, zerstörst du dich selbst." (Kirk, Raven, Schofield 2001)

In diesen Aussagen Demokrits von vor über 2000 Jahren wird schon die Spannbreite der erkenntnistheoretischen Fragen aufgezeigt und gleichzeitig angedeutet, dass die „wahre Antwort" auf die Frage, wie denn Wahrnehmung und wahrnehmungstranszendente Welt zusammenhängen, nicht einfach sein kann. Einfach wie z. B. „Wahrnehmung als (mechanische) Abbildung der Welt (wie sie ist)" bei Lenin (1908; 1947) oder im anderen „einfachen" Extrem „Wahrnehmung als reine Konstruktion" wie z.B. bei Maturana (1982).

Schon bei der etymologischen Analyse des deutschen Wortes „Wahrnehmung" wird deutlich, dass sich auch in der Alltagssprache etwas von der epistemologischen Komplexität widerspiegelt: Da ist zum einen die Bewertung dessen, was als Resultat der Sinneseindrücke vorliegt, als „wahr", und zum anderen steckt in „nehmen" die Vorstellung einer gezielten Handlung, von etwas Intentionalem. Meines Wissens findet sich allerdings die bewertende Komponente nur in wenigen indogermanischen Sprachen (Deutsch und Niederländisch), aber in allen findet sich die Komponente des Handelns i. S. von „Erfahren", „Erleben" oder „Nehmen", grammatikalisch spiegelt sich das darin, dass die Verben des Wahrnehmens in indogermanischen Sprachen den Akkusativ regieren. Wie verführerisch die Selbstverständlichkeit des Sprechens für die Theoriebildung ist, zeigt sich in der m. E. erstmals von Euklid aufgestellten Theorie des Sehens als Aussendung von Sehstrahlen. Es ist wahrscheinlich kein Zufall, dass die empirische Widerlegung dieser Theorie von einem Arabisch sprechenden Forscher kam, nämlich al-Haitham, latinisiert Alhacen (in „Opticae Thesaurus"), dessen empirisch-experimentelle Methodik das naturwissenschaftliche Denken im heutigen Sinne begründet hat.

Der Wahrnehmungspychologe David Katz (1944) hat als erster darauf hingewiesen, dass es Sprachen gibt, wie z.B. die kartvelischen (z.B. Georgisch), die deutlich zwischen Verben der Wahrnehmung und der Tätigkeit trennen, und hat auf die Implikationen für Wahrnehmungstheorien hingewiesen.

Die bei Demokrit deutlich werdende Dualität von Wahrnehmung und Wirklichkeit, nach der eben nicht die Welt, wie sie ist (d.h. die Welt der Dinge = Realität), *wahrgenommen* wird, sondern die Welt, in die der Wahrnehmende eingreifen, d.h. auf die er ein*wirken* kann, wird im Empirismus auf einen strikten Parallelismus reduziert, wie er besonders prägnant von Spinoza formuliert wird: „ordo et connexio idearum idem est et ac ordo et connexio rerum." (Ethik II propositio 7, 1677)

Locke (1690 "An essay concerning human understanding" Kap. XII, 1) baut auf diesem Parallelismus eine Theorie des Wissens auf, der zufolge Abstraktion und allgemeine Begriffe direkt auf die an Sinneseindrücke gebundenen einfachen Ideen zurückzuführen sind:

"[The first] …combining several simple ideas into one compound one, and thus all complex ideas are made.

The second is bringing two ideas, whether simple or complex, together, and setting them by one another, so as to take a view of them at once, without uniting them into one; by which way it gets all its ideas of relations.

The third is separating them from all other ideas that accompany them in their real existence: this is called abstraction: and thus all general ideas are made."

Für die Theorie der Wahrnehmung bedeutet diese Position, dass die reinen Sinneseindrücke die alleinige Voraussetzung für alle, auch für höhere Wahrnehmungsprozesse sind. Der Intellekt, nach klassischer scholastischer Auffassung der empirische Aspekt des menschlichen *mens*, wird so zu einem ausschließlich bottom-up von den Sinneseindrücken getriebene Verarbeitungsmechanismus, wie Gassendi (1658 „Syntagma philosophicum") es ausdrückt: „Nihil in intellectu nisi prius in sensu".

Die Unhaltbarkeit des direkten Parallelismus wurde dagegen von Berkeley (1710 "A treatise concerning the principles of human knowledge") am Beispiel der Wahrnehmung von Dreiecken aufgewiesen:

"For example, a triangle is defined to be ‚a plane surface comprehended by three right lines' by which that name is limited to denote one certain idea and no other.

To which I answer that in the definition it is not said whether the surface is great or small, black, or white, nor whether the sides are long or short, nor with what angles they are inclined to each other; in all which there may be great variety."

Ausgehend von Hume's Skeptizismus hinsichtlich der Wahrnehmung entwickelte Kant (1781) in der Kritik der reinen Vernunft den Ansatz einer Wahrnehmungstheorie, der in den vergangenen 200 Jahren die Theoriebildung in der experimentellen Wahrnehmungsforschung bestimmt hat. „.. was und wie viel kann der Verstand, frei von aller Erfahrung, erkennen …“ Danach ist eben nicht das „Ding an sich" Gegenstand der Wahrnehmung, sondern wie das Ding (res) im apriorischen Bezugsrahmen von Raum und Zeit gegeben ist. Und wie es durch Schemata wie z.B. die Kausalität in einem raum-zeitlichen Wirkzusammenhang eingebunden wird. Die für die Wahrnehmungstheorien sich daraus ableitende zentrale Frage ist die nach dem Woher der A-prioris und der Schemata. Aufgabe einer Wahrnehmungstheorie muss es daher sein, einerseits dem Hume/Kantschen Skeptizismus Rechnung zu tragen und andererseits der Tatsache, dass auf Sinneseindrücken basierende und durch Schemata geformte Wahrnehmungen ein Handeln in der Welt ermöglichen, das offenkundig in der Regel nicht im Konflikt oder Widerspruch mit der Welt der Dinge ist. Lichtenberg fasst dies folgendermaßen zusammen: „Alles, was wir als Menschen für reell erkennen müssen, ist auch wirklich für den Menschen. Denn sobald es nicht mehr verstattet ist, aus jenem Naturzwang auf

Wirklichkeit zu schließen, so ist an ein festes Prinzip gar nicht mehr zu denken." (Bemerkungen zwischen 1766 und 1799).

Im Folgenden werde ich ausgehend von den Extrempositionen von Gibson´s direktem Realismus und McCullouch´s Ansatz der massiv parallelen Verarbeitung Fragen für die experimentelle Wahrnehmungspsychologie herausarbeiten, die m. E. auch in Zukunft bestimmend sein werden.

Gibson geht davon aus, dass Wahrnehmung ganz i. S. Lichtenbergs verlässlich ist, indem sie dem Wahrnehmenden aufzeigt, welche Handlungsmöglichkeiten (‚affordances') er /sie in der Welt hat. Er räumt zwar ein, dass in Extremsituationen, wie sie vielfach in wahrnehmungspsychologischen Labors gegeben sind, Täuschungen auftreten können, dass diese aber im täglichen Leben keine Rolle spielen, weil hier durch die Komplexität des Reizangebots und die Interaktion der verschiedenen Sinneskanäle eine systemische Integration erfolgt, die es dem Wahrnehmenden erlauben, vom Wahrgenommenen und den darauf wirkenden Rahmenbedingungen direkt auf die Information zuzugreifen ('direct information pick-up'), die alles umfasst, was für den Wahrnehmenden gegenüber der Realität handlungsrelevant ist.

Seine erkenntnistheoretische Position fasst er in vier Hypothesen zusammen:

> "It seems to me that these hypotheses (namely
> (1) the existence of stimulus information,
> (2) the fact of invariance over time,
> (3) the process of extracting invariants over time, and
> (4) the continuity of perception with memory and thought)

> make reasonable the common sense position that has been called by philosophers *direct or naive realism"* (GIBSON 1967, S. 168).

Die Hypothesen (2) bis (4) zeigen deutlich den Kantischen Hintergrund des Ansatzes, auch wenn dies von Gibson nicht expliziert wird.

Auf dem Hintergrund der mathematischen Modellierung von neuronalen Netzwerken gelangte McCulloch zu einem Modell, das sehr stark an das Lockesche Konzept der relationalen Verbindung von Ideen erinnert, aber die Einwände Berkeley's entkräftet, weil – wie er zusammen mit Pitts gezeigt hat – Mittelwertbildungen bei massiver paralleler Verarbeitung in Ergebnissen resultieren, die dem „allgemeinen Dreieck" bzw. – wie sie selbst postulieren - den scholastischen Universalien entsprechen.

> "He (the carnivore) can be shown to recognize a tune regardless of pitch and a square regardless of size. For these he requires his cerebral cortex, without which he can still distinguish sounds and somehow see enough to get about. Using the word "universal" in the sense of Aristotle which became formalized in the universal quantifier. PITTS and McCULLOGH showed how brains could embody these universals ... its all-important proof that for a man to know such universals as shape regardless of size or chord regardless of key it would be sufficient for his brain to compute enough averages." McCulloch (1964, S. 188)

Auf den Arbeiten von McCulloch und Pitts basieren die wahrnehmungstheoretischen Ansätze sowohl der "computer vision" (z.B. Marr und Poggio) und der "parallel and distributed processing" (z.B. Rumelhart et al. 1986)). Analysiert man jedoch genauer z.B. die Arbeiten von Marr und Poggio, dann wird deutlich, dass auch hier Kantische Vorstellungen eingegangen sind, wie z.B. Räumlichkeit als a-priori oder Schemata bei der Konstruktion bzw. Rekonstruktion komplexer Körper. Ähnliches gilt für Rumelhart, dessen Ansatz der verteilten und parallelen

Prozesse sich durchaus als Versuch verstehen lässt, das Woher von Schemata zu erklären.

Seit dem Ende des vergangenen Jahrhunderts haben zunehmend Ansätze an Bedeutung gewonnen, die nicht mehr formal, sondern evolutionsbiologisch fragen, wie Wahrnehmungsprozesse in der Evolution entstanden sein können und zwar nicht nur einfache, i. S. von basal, wie Licht-, Geräusch- oder Druckempfindlichkeit, sondern eben auch Schemata wie z.B. Kausalität. Die Grundlagen für diese Neuorientierung von Wahrnehmungstheorien sind allerdings schon in den dreißiger bzw. vierziger Jahren des vorigen Jahrhunderts gelegt worden, haben aber zunächst eine vergleichsweise geringe Rolle gespielt.

Als erster hat Koffka (1935) programmatisch eine evolutionäre Orientierung postuliert:

> "... we see that without our principles of organization the objects could not be objects, and that therefore the phenomenal changes produced by these changes of stimulation would be as disorderly as the changes of stimulation themselves. Thus we accept order as a real characteristic, but we need no special agent to produce it, since order is a consequence of organization, and organization the result of natural forces... only those mechanism of perception evolve which are necessary for survival and this survival need is what successively distinguishes perception from reality."

Konrad Lorenz hat etwas später (1943) mit explizitem Rückbezug auf die Kritik der reinen Vernunft einen Kantischen Bezugsrahmen für Begriffsbildung entwickelt, wie sie von Verhaltensforschern verwendet worden sind. „... der Mensch ist ein Lebewesen, das seine Eigenschaften und Leistungen, einschließlich seiner hohen Fähigkeiten des Erkennens, der

Evolution verdankt, … in deren Verlauf sich alle Organismen mit den Gegebenheiten der Wirklichkeit auseinander setzen … und an sie angepasst werden. Dieses stammesgeschichtliche Geschehen ist ein Vorgang der Erkenntnis, denn jede 'Anpassung an' eine bestimmte Gegebenheit der äußeren Realität bedeutet, dass ein Maß von 'Information über' sie in das organische System aufgenommen wurde."

Im Vortrag folgte hier ein „Essay in Bildern", in denen Ordnungsbildung in Wahrnehmung und Erkenntnis an verschiedenen Beispielen demonstriert worden ist. Ein Teil dieser Bilder findet sich in Zimmer (1995 und 1999). Ein gerade auf dem Hintergrund der Kritik von Berkeley interessantes Beispiel zeigt die folgende Abbildung, wo nicht nur deutlich wird, dass ein Dreieck auch bei nicht real existierenden (illusionären) Konturen wahrgenommen wird, sogar bei subjektiver Transparenz als räumlich vom Hintergrund abgehoben. Für die Theorie der Formwahrnehmung zeigt diese Demonstration, bei der lediglich ein Parameter verändert worden ist, dass subjektive Transparenz und illusionäre Konturen auf ein und demselben Prozess basieren. Anzumerken ist, dass diese lange vor den entsprechenden psychologischen Experimenten von Kanisza (1979) und Metelli (1974) zum Standardinventar der Malerei gehörten.

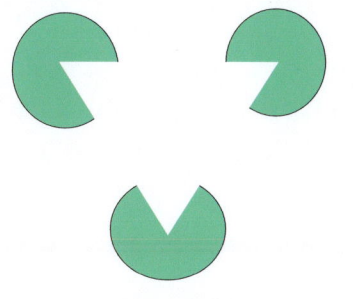 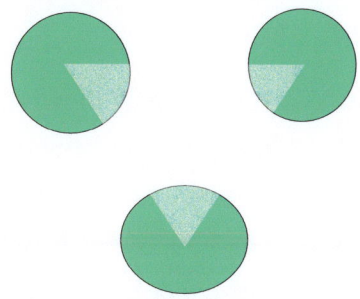

Dreieck aus illusionären Konturen　　　*Transparentes Dreieck über drei Kreisen schwebend*

Der Ansatz Koffkas ist von Shepard (1987) in seinem Artikel "Evolution of a mesh between principles of the mind and regularities of the world" aufgegriffen worden; dies stellt so etwas wie ein Manifest dar, an dem sich die "evolutionary psychology" orientiert hat:

> "I have argued that to the extent that the principles of the mind are not merely arbitrary, their most likely sources are the abiding regularities in the world…
>
> Among such external regularities, the most abiding are the ones that in the long run should have the greatest opportunity to become internalized – however abstract those regularities may be:
>
> …the facts that space is three-dimensional, that objects have 6 degrees of freedom of global motion, that light and darkness alternate with a fixed period, and that sets of objects having the same significant consequences tend to form a compact region in an appropriate parameter space …"

In den vergangenen 20 Jahren haben viele experimentelle und theoretische Analysen die Fruchtbarkeit dieses Ansatzes gezeigt und damit plausibel gemacht, dass die Kantischen A-prioris bzw. Schemata eine evolutionsbiologisch plausible Grundlage haben. Dennoch greifen m. E. diese Ansätze zu kurz, um den komplexen Wahrnehmungsprozess in den Griff zu bekommen.

Wie in den meisten Wahrnehmungstheorien explizit oder implizit postuliert wird, befähigt Wahrnehmung den Wahrnehmenden in der Wirklichkeit zu handeln. Damit aber dieses Handeln erfolgreich ist, müssen ihm Erwartungen vorausgegangen sein, wie denn die Wirklichkeit sein wird, wenn in sie handelnd eingegriffen worden ist. Diese Erwartungen oder Hypothesen können aber auch durchaus dazu verwendet werden, um durch Handeln neue Erkenntnisse über die Wirklichkeit zu erhalten. Dies ist nichts anderes als die experimentelle Methodik der Naturwissenschaft, die sich aber auch im täglichen Leben findet.

Brentanos (1874) Konzept der Intentionalität in der Wahrnehmung hat indirekt Brunswick (1952) beeinflusst, der das Konzept der ökologischen Validität von Hinweisreizen entwickelt hat, was man auch als Erwartungstreue bezeichnen kann. Demnach ist wahrnehmendes Handeln eine Folge von Überprüfungen der Übereinstimmung von Erwartung und Vorgefundenem und den daraus resultierenden Revisionen der Erwartung, dies richtete sich vor allem gegen die behavioristische Position, die zum einen Wahrnehmung i. S. einer direkten Abbildung verstand und andererseits Erwartungen explizit als unnötig für die Erklärung von Verhalten bezeichnete.

Darauf aufbauend haben Miller, Galanter und Pribram (1960) in ihrem Buch "Plans, Goals and Behavior" das sog. Test-Operate-Test-Exit-Modell vorgeschlagen, mit dem ausgehend von einem Perzept (Test) eine Handlung (Operate) ausgeführt wird, deren Ergebnis darauf überprüft wird, inwieweit es den Erwartungen entspricht (Test). Bei Entsprechung wird fortgefahren

(Exit) bzw. bei Nicht-Entsprechung wird eine neue Handlung ausgeführt, bis eine Entsprechung erreicht wird. Ein ähnliches Konzept ist von Leontjew (1982) entwickelt worden, indem er eine Tätigkeitspsychologie konzipiert, die vom „Objekt-Subjekt"-Muster zum „Subjekt-Tätigkeit-Objekt" übergeht.

Neisser (1976) hat als Rahmenkonzept für „Erkennen" den Wahrnehmungs-Planungs-Handlungs- Zyklus postuliert, der m. E. der schon bei Demokrit formulierten Fragestellung am ehesten gerecht wird.

 In der abschließenden Grafik wird das Konzept Neissers erweitert, indem von hierarchisch verknüpften Wahrnehmungs-Planungs-Handlungs- Zyklen ausgegangen wird. Für menschliche Verhaltenssteuerung angesichts von Warnungen ist dieses Modell validiert, es lässt sich aber auch auf andere Anwendungsfelder übertragen.

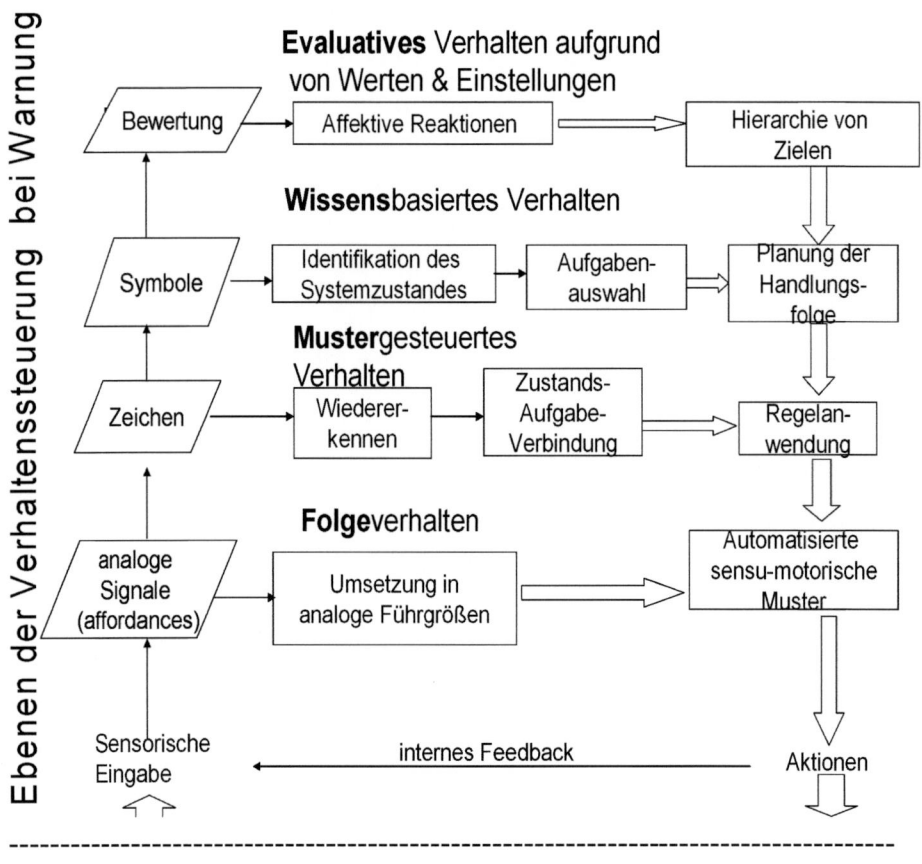

Umwelt (Realität)

Abbildung 1: Wahrnehmungs-Planungs-Handlungs-Zyklen
auf verschiedenen Ebenen der Verhaltenssteuerung

Literatur:

Brentano, F. von (1874): Psychologie vom empirischen Standpunkt. Leipzig: Duncker & Humblot.

Gibson, J.J. (1967): New reasons for realism. Synthese. 17. 162 – 172.

Lorenz, K. (1941): Kants Lehre vom Apriorischen. Blätter für deutsche Philosophie, 15, 94 – 125.

Kanizsa, G. (1979): Organization in vision. New York: Praeger.

Kant, I. (1781): Kritik der reinen Vernunft, Leipzig: Hartknoch.

Katz, D. (1944): Gestaltpsychologie. Basel: Schwabe.

Kirk, G.S. / Raven, J.E. / Schofield, M. (2001): Die vorsokratischen Philosophen – Einführung, Texte, Kommentare. Stuttgart, Weimar: J.B. Metzler.

Lenin, W.I. (1909; 1947): Materialismus und Empiriokritizismus. Moskau: Verlag für fremdsprachliche Literatur.

Leontjev, A.N. (1982): Tätigkeit, Bewusstsein, Persönlichkeit. Köln: Pahl-Rugenstein.

Marr, D. (1982): Vision. New York: Freeman.

Maturana, H.R. (1982): Erkennen: Die Organisation und Verkörperung von Wirklichkeit. Braunschweig: Vieweg.

McCollough W.S. (1964): A historical introduction to the postulational foundations of experimental epistemology. In: F.S.C. Northrop / H.H. Livingston (eds.): Cross-cultural understanding: Epistemology in anthropology. New York: Harper & Row, S. 180 – 193.

McCollough, W. / Pitts, W.H. (1943): A logical calculus of the ideas immanent in nervous activity. Bulletin of Mathematical Biophysics, 5, 115 – 133.

Metelli, F.: The perception of transparency. Scientific American. 230. 90 – 98.

Miller, G.A. / Galanter, E. / Pribram, K. (1960): Plans and the structure of behaviour. New York: Rinehart and Winston.

Neisser, U. (1976): Cognition and reality: principles and implications of cognitive psychology. San Francisco: Freeman.

Roth. G. (1992): Das konstruktive Gehirn. In: S.J. Schmidt (ed.): Kognition und Gesellschaft. Frankfurt: Suhrkamp. S. 277 – 336.

Rumelhart, D.E. / McClelland, J.L. and the PDP research group (1986): Parallel distributed processing: Explorations in the microstructure of cognition. Vol. 1. Cambridge, Mass.: The MIT Press.

Shepard, R.N. (1981): Psychophysical complementarity. In: Kubovy, M. / Pomerantz, J.R. (eds.): Perceptual organization. Hillsdale, N.J.: Lawrence Erlbaum Ass.

Shepard, R.N. (1987): Evolution of a mesh between principles of the mind and regularities of world. In: J. Dupré (ed.): The Latest on the Best: Essays on Evolution and Optimality. Cambridge, Mass.: The MIT Press. S. 251 – 275.

Zimmer, A.C. (1995): Multistability – more than a freak phenomenon. In: P. Kruse / M. Stadler (eds.): Ambiguity in mind and nature – multistable cognitive phenomena. Heidelberg / New York: Springer. S. 99 – 138.

Zimmer, A.C. (1999): What is form? The contributions of psychology to an old epistemological problem. In: L. Albertazzi (ed.): Shapes of forms. Dordrecht / Boston / London: Kluwer. S. 51 – 88.

Freiheit und Unfreiheit aus christlicher und neurobiologischer Sicht

Ulrich Eibach

(Evangelische Theologie, Bonn)

1   Zur Problemstellung

Die griechisch-abendländische Tradition ist geprägt von der Vorstellung, dass materielles Sein im geistigen Sein gründet und durch es gelenkt wird. Diese dualistische Sicht wurde letztlich erst durch den Materialismus des 19. Jahrhunderts in Frage gestellt. Danach kommt der materiellen Wirklichkeit immer der seinsmäßige Primat vor dem seelisch-geistigen Sein zu. Alle geistig kulturellen Phänomene seien lediglich Begleiterscheinungen materieller Prozesse, seien ganz deren Gesetzmäßigkeiten unterworfen und daher ihnen gegenüber letztlich ohnmächtig. Die Welt sei ein geschlossener Kausalzusammenhang, in den es keine Eingriffsmöglichkeiten von „Geistern" gibt, die diesem nicht unterworfen sind, denn – so das Dogma der Neuzeit – nur ontologisch gleichartige Größen können in Wechselwirkung zueinander treten. Danach kann Materielles nur durch physikalisch erfassbare und beschreibbare Größen beeinflusst werden. Der Satz von der Erhaltung der Energie in einem geschlossenen System gelte für alle Bereiche der Natur, auch für das Leben, obwohl es fraglich ist, ob und inwiefern Leben ein „geschlossenes System" ist.

Der Philosoph *Peter Bieri*[9] hat das Problem, das sich daraus für die Freiheit des Menschen ergibt, als Gehirn-Geist-Problem beschrieben und dieses in die Gestalt eines Trilemmas gebracht, indem er drei Behauptungen nebeneinanderstellt: (1) Mentale Phänomene sind nicht-physische Phänomene. (2) Mentale Phänomene sind im Bereich physischer Phänomene kausal wirksam.(3) Der Bereich physischer

---

[9] Generelle Einführung, in: Bieri, Peter (Hg.): Analytische Philosophie des Geistes, Königstein 1981, 5.

Phänomene ist kausal geschlossen. Bieri legt dar, dass jede dieser Thesen für sich genommen durch die Alltagserfahrung und das wissenschaftlicheDenken gut gestützt ist, dass aber immer nur zwei dieser Thesen zugleich richtig sein können. Einen Ausweg aus dem Trilemma gibt es scheinbar nur, wenn man die 1. These radikal verändert und – um nicht gegen die Gesetze der Physik zu verstoßen – behauptet, auch mentale Phänomene seien physische Phänomene. Dann müssten sie auch mit physikalischen Methoden erfassbar und beschreibbar sein. Mit den bisherigen Methoden können aber nur die physiologischen Korrelate mentaler Phänomene erfasst werden. Man müsste also behaupten, dass mentale Phänomene mit ihren physiologischen Korrelaten ontologisch *identisch* sind und insofern gänzlich den Kausalgesetzlichkeiten physischer Phänomene unterliegen. Unter diesen Voraussetzungen ist die 3. These überflüssig. Es würde damit ein *Naturalismus* vertreten, der sich vom Materialismus des 19.Jahrhunderts nicht grundsätzlich unterscheidet.

Dieser Naturalismus widerspricht unserer auch wissenschaftlich gut begründeten Alltagserfahrung, dass seelisch-geistige Phänomene unsere körperlichen Lebensvollzüge beeinflussen. Hier ist auch auf die im Gang befindliche Revolution, den Paradigmenwechsel in der Genetik, zu verweisen, der durch die Epigenetik ausgelöst wird, und die Erkenntnisse, dass seelisch-geistiges Erleben, vermittelt über Veränderungen im Gehirn, bis auf die Gene durchschlägt. Der genetische Determinismus ist im Stürzen begriffen. Die Gene sind keinesfalls „die Götter"[10], die unser ganzes Leben bestimmen. Sie sind, wie auch das Gehirn, allenfalls „geführte Führer" (*Adolf Portmann*). *Hans-Rainer Duncker*[11] hat auf dem Regensburger Symposion 2008 dargelegt, wie das menschliche Gehirn in seiner Anatomie und Physiologie durch geistig-kulturelle Einflüsse im 1. Lebensjahr geprägt und geformt wird und wie es genetisch auf diese kulturelle Prägung hin angelegt ist. Und in der Zellbiologie wird heute offen darüber geredet, ob zur

---

[10] Avise, John: The Genetic Gods. Evolution and Belief in Human Affairs, London 2001.
[11] Die Tragweite der Entwicklung der Menschen zu Sprach- und Kulturwesen, in: Hahn, H.-J./ McClary, R./ Thim-Mabrey (Hg.): Atheistischer und jüdisch-christlicher Glaube: Wie wird Naturwissenschaft geprägt?, Norderstedt 2009, 277ff.

Erklärung der Entstehung des Lebens wie auch seiner Erhaltung und Entwicklung die Gesetze der Physik und Chemie ausreichen, ob Leben nicht überhaupt (und nicht nur mentale Phänomene) eine „Eigengesetzlichkeit" hat.[12]

Wenn man aber mentale Phänomene als besondere physische Phänomene versteht, dann kann man fragen, ob man auch eine besondere Physik braucht, um sie zu erfassen und zu beschreiben, oder ob doch eine Reduktion auf die bekannte Ebene der Physik eine hinreichende Beschreibung derartiger physischer Phänomene ermöglicht. Jedenfalls ist bisher keine Physik für die Besonderheit dieser Phänomene in Sicht. Wem also sollen wir mehr trauen, unseren physikalischen Theorien, die keinen großen und kleinen Geistern eine offene Tür zum Leben einräumen, oder unserer gut belegbaren Alltagserfahrung und der Vermutung, dass unsere gesamte Lebenswirklichkeit nicht mit den wissenschaftlichen Hypothesen und Theorien über die Wirklichkeit identisch ist, sie doch etwas umfassender ist als das, was wir mit naturwissenschaftlichen Methoden erfassen und beschreiben können. Hier ist zu beachten, was schon der Physiker *Hermann von Helmholtz* 1877 in einer Rede vor der „Preußischen Akademie der Wissenschaften" angesichts des Materialismus des 19. Jahrhunderts sagte: „Ich bitte Sie nicht zu vergessen, dass auch der Materialismus eine metaphysische Hypothese ist, die sich im Gebiet der Naturwissenschaften allerdings als sehr fruchtbar erwiesen hat, aber doch immer eine Hypothese" ist[13], und zwar auch auf dem Gebiet der naturwissenschaftlichen Weltbeschreibung und natürlich erst recht, wenn der Materialismus bzw. Naturalismus „a priori" zur Grundlage der Erklärung der gesamten, auch der geistig-kulturellen Lebenswirklichkeit erhoben wird.

Für den christlichen Glauben ist es selbstverständlich, dass er die 1.These wenigstens in der Form vertreten muss, dass geistige Phänomene nicht in den Gesetzmäßigkeiten, die für physische Phänomene gelten, aufgehen, und dass er die 3. These ablehnen muss, wenn er Gott und ein Wirken und Handeln Gottes in

---

[12] Herzog, Volker (Hg.): Lebensentstehung und künstliches Leben. Naturwissenschaftliche, philosophische und theologische Aspekte der Zellevolution, Zug /Schweiz 2010.
[13] Zit. nach Holzey, Helmut: Neukantianismus, in: W. Röd (Hg.): Geschichte der Philosophie Bd. 12, München 2004, 29.

dieser Welt denken und an der Geltung der 2.These festhalten will. Die 2.These bedarf jedoch einer näheren theologisch-anthropologischen Erörterung. Vertritt man die 1.These und lehnt die 3. These ab, so führt das zu einem ontologischen Dualismus von Geist und Materie, ohne den letztlich aber eine Unterscheidung von Gott und Welt und ein Handeln und Wirken Gottes in dieser Welt theologisch kaum aussagbar ist. Aus theologischer Sicht geht es also nicht nur um die Freiheit des Menschen, sondern in erster Linie um das Verhältnis Gottes zum Menschen und des Menschen zu Gott und damit um die Frage, wie Gott und Gottes Geist in dieser Welt und am und im Menschen wirken kann. Dies setzt eine Offenheit des Weltgeschehens und insbesondere der leiblich-seelischen Konstitution des Menschen für ein Wirken des Geistes Gottes in ihnen voraus.[14]

Um die Relevanz des durch neurophysiologische Erkenntnisse ausgelösten Streits um Willensfreiheit für die Theologie zu erkennen, ist zunächst eine theologische Erörterung des Freiheitsbegriffs vorzulegen und erst daraufhin zu fragen, inwieweit dieser durch neurobiologische Erkenntnisse in Frage gestellt wird.

2 *Freiheit und Unfreiheit des Menschen aus theologischer Sicht*

Die Theologie hat immer eine große Zurückhaltung gegenüber einer dem Menschen eigenen Willensfreiheit geübt. Menschliche Freiheit ist in zweifacher Hinsicht begrenzte Freiheit, begrenzt durch die Bedingungen des Geschöpfseins und das stetige Angewiesensein auf die schöpferische Zuwendung Gottes und zugleich begrenzt durch das Angewiesensein auf die Mitmenschen und die Mit- und Umwelt. Freiheit im Sinne von Autonomie, einer nur sich selbst Grenzen setzenden Freiheit, hat nur Gott.[15] Aber auch Gottes Freiheit ist keine Willkürfreiheit, denn Gott hat sich in seiner Freiheit selbst an seine Schöpfung,

---

[14] Eibach, Ulrich: Gott im Gehirn? Ich – eine Illusion? Neurobiologie, religiöses Erleben und Menschenbild in christlicher Sicht, Wuppertal (2006), 3.Aufl. 2010.

[15] Eibach, Ulrich: Neurobiologie und christliches Verständnis von Freiheit und Unfreiheit des Menschen. – Überlegungen zur theologischen Relevanz einer aktuellen Diskussion, in „Glaube und Denken". Jahrbuch der Karl-Heim-Gesellschaft, 21.Jg., Frankfurt 2008, 57 ff.

insbesondere den Menschen, gebunden und damit begrenzt, und zwar aus Liebe, in der er sich in ewiger Treue an sein Geschöpf bindet. Der Mensch soll dieser Freiheit Gottes auf der geschöpflichen Ebene entsprechen, indem auch er seine Freiheit zum Dienst am Nächsten und in Verantwortung für die Schöpfung gebraucht. Seiner Freiheit sind jedoch durch seine Leiblichkeit enge Grenzen gesetzt, die durch körperliche und seelische Krankheiten noch weiter eingeengt werden können.

Wenn der Mensch diese Grenzen missachtet, gefährdet oder zerstört er das Leben. Leben kann nur gelingen in den Grenzen setzenden und darin heilsamen Lebensordnungen in Gottes Schöpfung. Achtet der Mensch diese Grenzen seiner Freiheit nicht, dann verfällt er dem Hochmut, will autonom, sein eigener Gott und Schöpfer sein. Die theologische Tradition hat darin im Anschluss an die „Sündenfallgeschichte" (1.Mose 3) die tiefste Wurzel der *Sünde* gesehen. Sünde ist in ihrem Kern „Nicht-wollen, dass Gott Gott ist" (M. Luther)[16], das Wollen, dass der Mensch sein eigener Herr und Gott ist. Der Mensch, der sich aus der Abhängigkeit von Gott lossagt, macht sich zum Maß aller Dinge und verfällt in seinem *Hochmut* der *Selbstsucht* und wird gerade darin unfrei, hält diese „Gefangenschaft" in sich selbst aber für Freiheit im Sinne von „Autonomie". Er wird damit unfähig, seinem eigenen selbstsüchtigen Wollen zu widerstehen und das erkannte Gute zu tun. Der Apostel *Paulus* hat diese Ohnmacht des unter die Herrschaft der Sünde geratenen Willens eindrücklich beschrieben: „Wollen habe ich wohl, aber das Gute vollbringen kann ich nicht. Denn das Gute, das ich will, das tue ich nicht; sondern das Böse, das ich nicht will, das tue ich" (Römer 7,18f.). Er nähert sich damit der Erkenntnis, dass der Wille in sich zerrissen und deshalb unfähig ist, sein Wollen Tat werden zu lassen, und zwar, weil der Wille nicht nur das von Gott gebotene Gute, sondern immer auch – unbewusst oder bewusst – oft in erster Linie sich und nur sich selbst will.

---

[16] Disputatio contra scholasticam theologiam, These 17, Luthers Werke Bd, V, hg. von O. Clemen, Berlin 1963, 321.

Der Kirchenvater *Augustinus* hat diese Sicht näher bedacht.[17] Für ihn ist der Mensch in seinem Streben auf das höchste Gut, auf Gott ausgerichtet. Wenn er sich von Gott abwendet, dann setzt er sich selbst als höchstes Gut und Endzweck aller Dinge ein, verfällt der Selbstsucht und mit ihr der Sucht nach irdischen Dingen, ohne dass er dadurch eine Erfüllung seines tiefsten inneren und guten Begehrens findet. Indem der Wille das eigene Ich als höchstes Gut setzt, verschmilzt er mit den sinnlichen Neigungen zu einer unlöslichen Einheit, der Konkupiszenz (Begierde), so dass – mit *S. Freud* gesprochen – das „Ich" den Willen des „Es", der Triebe, bejaht und in Handlungen umsetzt. Im Kern der *unwillentlichen Konkupiszenz* herrscht also das *Willentliche* des freien Geistes, der sich von Gott abgewendet hat und so der Begierde verfällt und seine Freiheit verliert, so dass die Konkupiszenz die Ausrichtung des Willens bestimmt, mithin die Vorstellung von der Freiheit des Willens letztlich eine Illusion ist.

Martin Luther konnte Augustins Verständnis von Konkupiszenz aufnehmen und mit ihm die mit dem Begriff „Willen" üblicherweise verbundene Vorstellung von Wahlfreiheit (*liberum arbitrium*) entschieden zurückweisen. Der Wille ist für ihn nicht eine zwischen „Fleisch" (Ichsucht) und „Geist" stehende freie Entscheidungssphäre. Vielmehr findet sich die ganze Existenzweise des Menschen immer schon – vorgängig zu aller Willensentscheidung – bestimmt und bewegt durch die Ichsucht oder den „Geist Gottes" vor, ohne dass das einem Determinismus durch die Natur oder einem Zwang durch Gott gleichkäme. Diese beiden Mächte rufen, indem sie jeweils vom Menschen in seinem Inneren Besitz ergreifen, eine Zustimmung des Willens zur Richtung der von ihnen gesetzten Bewegung hervor. Die Wurzel von Sünde und Unfreiheit ist daher nicht in der Sinnlichkeit, sondern im Innersten des Menschen selbst zu finden, der ohne Gott aus sich selbst und durch sich selbst leben will. Entscheidend ist also, dass die *Konkupiszenz* und mit ihr der unfreie Wille nicht eine Naturanlage, nicht ein physisches oder psychisches „Etwas" ist, dass den Menschen in seinem Wollen und

---

[17] Eibach, Ulrich: Seelische Krankheit und christlicher Glaube, Neukirchen-Vluyn 1992, 146 ff.; Achtner, Wolfgang: Willensfreiheit in Theologie und Neurowissenschaften, Darmstadt 2010.

Verhalten kausal determiniert, sondern ein *verkehrtes seelisch-geistiges Streben*, ein verkehrter Wille, für dessen Verkehrung letztlich keine physischen, psychischen und sozialen Umstände außerhalb des Willens selbst angegeben werden können. Auch wenn dem Sündersein eine die ganze Menschheit beherrschende Macht zugrunde liegt, ist die Sünde doch immer zugleich im strikten Sinne die eigene Sünde, die der Mensch nicht auf nicht verantwortungsfähige anonyme physische, psychische und soziale Größen abschieben kann. Mit den Mitteln empirischer Forschung kann diese allem Wollen und Handeln des Menschen zugrundeliegende geistige Dimension des Willens freilich nicht aufgezeigt werden, sie ist in seelisch-geistigen und leiblichen Prozessen des Lebens verborgen, ist ihnen „transzendent". Empirisch aufweisbar ist – wie Augustin darlegt – nur die Unfreiheit des Willens in der Gestalt der Konkupiszenz als Verfallen des Menschen an die Sucht nach irdischen Dingen, wie sie sich dem empirischen Auge am deutlichsten in den Süchten zeigt.

Augustin und *Luther* binden die Verantwortung des Menschen vor Gott mit *Paulus* (2.Korinther 5,10; Römer 2,15f) nicht daran, dass der Mensch ein uneingeschränkt freier, durch nichts als seinen freien Willen bedingter Urheber seiner Taten ist, sondern nur daran, dass sein durch viele physische, psychische, soziale und andere Faktoren mitbedingtes Handeln von ihm zutiefst auch gewollt wird, dass er auch seinen Neigungen *zustimmt*, sie also auch will, aber nicht wollen muss und sie eben deshalb durch seinen Willen über bloße natürliche Neigungen und Triebe heraushebt, sie gut oder böse werden lässt. Der Mensch ist also nie nur Opfer, sondern immer auch Täter seiner Taten und bleibt insofern auch für seine guten und bösen Taten verantwortlich. Dass der Mensch nicht „müssen muss", sagt ihm sein *Gewissen*, das ihn für seine bösen Taten anklagt und eben deshalb auch sagt, dass trotz allem Unwillentlichen im Kern des Unwillentlichen doch etwas Willentliches herrscht, das den Menschen auch vor Gott verantwortlich sein lässt.[18]

Der Konkupiszenz gegenüber steht bei *Paulus* (Römer 8,1-17; Galater 4,5f; 5,1), *Augustin* und *Luther* nicht ein neutrales und freies geistiges Prinzip im Menschen,

---

[18] Ricoeur, Paul: Hermeneutik und Psychoanalyse, München 1974, 160ff.

sondern allein der befreiende *Geist Gottes*. Ziel von Gottes Handeln ist es, den Menschen aus dieser selbst gewählten Unfreiheit zu befreien und zur Erkenntnis zu führen, dass er nur frei ist in der Bindung an Gott. *Luther* hat dieses Freiheitsverständnis eindrücklich in seiner Schrift „Von der Freiheit eines Christenmenschen"[19] dargelegt. Sie gipfelt in der Aussage: „Das ist die christliche Freiheit: *der Glaube allein.*" Der Mensch verdankt seine Freiheit der Befreiung aus der Sünde, der Gefangenschaft in sich selbst zur Bindung an Gott im Glauben. Deshalb kann Luther seine Schrift mit der Aussage abschließen: „Aus dem allen folgt der Schluss, dass ein Christenmensch nicht in sich selbst lebt, sondern in Christus und in seinem Nächsten: in Christus durch den Glauben, im Nächsten durch die Liebe... Sieh, das ist die rechte, geistliche, christliche Freiheit." Sie hat nichts gemein mit Autonomie, in der der Mensch in seinem Wollen und Handeln durch nichts als sich selbst bedingt aus sich selbst, durch sich selbst lebt und nur sein eigener Gesetzgeber ist. Sie ist *Befreiung* zu Beziehungen, in denen Freiheit gewährt wird, Befreiung zur Bindung an Gott im Glauben und darin zugleich Befreiung zur Nächstenliebe. *Bindung* und *Freiheit*, Angewiesensein auf andere und Freiheit sind keine Gegensätze, vielmehr ist wahre Freiheit nur in Beziehungen zu und Bindungen an Mitmenschen und damit auch in den Grenzen des Angewiesenseins auf andere möglich. *Freiheit* heißt also zutiefst *Befreiung* zum Empfangen der Liebe Gottes und anderer Menschen und zum Gewähren von Liebe an andere, in denen der Mensch erst frei wird und ist.

Bei der Unfreiheit, in die der Mensch in der Sünde sich selbst versetzt, geht es nicht um eine physische oder psychische Determination, sondern um einen durch den Geist des Menschen gesetzten, durch seinen Willen zur Autonomie gegenüber Gott hervorgebrachten *„Fall"* in die Unfreiheit der Selbstsucht, der aus den Naturbedingungen des Lebens nicht ableitbar ist, sondern sich nur in ihnen manifestiert. Aus dieser Gebundenheit des Willens gibt es aber eine Erlösung durch Gott (Paulus, Römer 7,24f; Galater 5,1). Die Unfreiheit in der Sünde ist also durch die Freiheit Gottes umfasst, den Menschen aus seiner Unfreiheit zu erlösen, den

---

[19] In: Luther Deutsch. Die Werke Martin Luthers, hg. von K. Aland, Bd.2, Göttingen 1981, 251 ff.

Sünder zur wahren Freiheit der „Kinder Gottes" im Glauben, in der Bindung an Gott (Römer 8,14ff; Galater 4,5f) zu führen. Freiheit ist also nicht etwas, was der Mensch in sich als Qualität hat, sondern sie ereignet sich im Glauben, der Bindung an Gott als je und je neu geschenkte Befreiung *von* der Sünde der Selbstsucht *zur Freiheit*, die Gott liebt und die in der Liebe zu Mitmenschen tätig wird.

3   *Freiheit als menschliches Phänomen*

Die dargelegte theologische Tradition hat – wenn auch aus ganz anderen Gründen als die Neurophysiologie – schon um die Begrenztheit der Freiheit des Willens gewusst, hat nie eine uneingeschränkte Selbstbestimmung (Autonomie) des Menschen über sein körperliches, seelisches, geistiges und soziales Leben und damit auch sein Handeln gelehrt. Sie hat bei aller Betonung der geschöpflichen Grenzen der Freiheit, der Unfreiheit des Menschen in der Sünde und der göttlichen Vorherbestimmung für den Menschen aber das „Subjekt" der Freiheit und damit den Menschen als Person nicht ausgeschaltet. Auch die Unfreiheit in der Sünde ist ein Ausdruck der Geistigkeit des Menschen, wird von einem Subjekt hervorgebracht, „gesetzt", sie ist nicht primär eine Folge eines naturalistischen Determinismus, der ungebrochenen Ausweitung des Kausalgesetzes auf das ganze menschliche Leben. Dies muss notwendig zur Ausklammerung des Subjekts und seiner Freiheit und Fähigkeit führen, sein Leben auf Ziele hin zu gestalten, weil es unter den Bedingungen eines geschlossenen Systems, das ausschließlich durch das Kausalgesetz bestimmt ist, keine Freiheit und kein Subjekt geben kann, das in Freiheit durch sein Wollen die Abläufe in diesem geschlossenen System zu beeinflussen vermag.

3.1   Kausalgesetz, Determinismus und die Ausblendung des Subjekts und seiner Freiheit

Neurowissenschaftler, die – wie *Wolf Singer*[20], *Gerhard Roth*[21] u.a. – die Freiheit des Menschen in Frage stellen, deuten die Experimente von *Benjamin Libet*[22] ganz unter den Voraussetzungen des makrophysikalisch geltenden Kausalgesetzes. Danach ist die Vergangenheit die Zeitdimension, die die Gegenwart und die Zukunft durchgehend bestimmt. Das Kausalverhältnis ist zwingend an dieses zeitliche Folgeverhältnis gebunden. Die Zeit ist nicht anders zu denken als eine kausal geschlossene Reihe aufeinander folgender Zeitpunkte, wie es schon von *Immanuel Kant* dargelegt wurde. Kant

Schema 1: Naturalistisch-deterministische Sicht

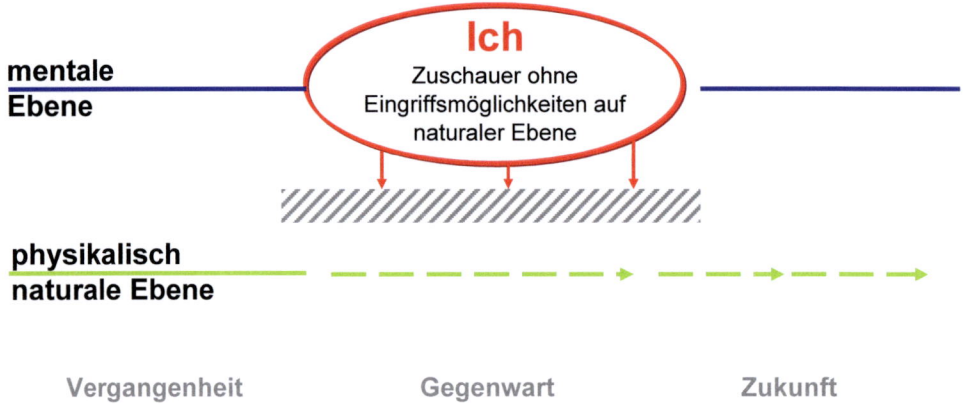

konnte die Antinomie zwischen der Kausalität in der Zeit und der Freiheit nur so lösen, dass er das Subjekt und seine Freiheit als in Raum und Zeit empirisch nicht

---

[20] Ein neues Menschenbild? Gespräche über Hinforschung, Frankfurt a.M. 2003.

[21] Worüber dürfen Hirnforscher reden - und in welcher Weise, in: C. Geyer (Hg.): Hirnforschung und Willensfreiheit. Zur Deutung der neuesten Experimente, Frankfurt a. M. 2004, .66 ff.

[22] Libet, Benjamin: Mind Time. Wie das Gehirn Bewusstsein produziert, Frankfurt a.M. 2005.

fassbare „Größen" und daher die bewusste freie Entscheidung als einen punktuellen zeitlosen Akt verstand, der gleichsam „von oben herab" aus der Vergangenheit nicht ableitbares Neues setzen und dadurch wirklich Verursacher einer neuen Kausalkette werden kann. Auch die von *Libet* festgehaltene Vetomöglichkeit des bewussten Ichs gegen die unbewusste physiologische Vorbereitung von Handlungen ist noch eine derartig spontane und unableitbare Intervention gegen die unbewussten Abläufe. Auch ein solcher willentlicher Abbruch einer einmal sich vorbewusst anbahnenden Handlung setzt voraus, dass der Mensch durch sein Entscheiden und Wollen in den Kausalablauf eingreifen kann, dieser also nicht notwendig geschlossen ist. Die Faktoren der Vergangenheit sind also allenfalls notwendige, aber keinesfalls hinreichende Bedingung für ein Geschehen in der Gegenwart.

Wenn man aber wie *Singer, Roth u.a.* die Lösung Kants im Umkehrschluss grundsätzlich ablehnt, weil auch das menschliche Leben auf der leiblichen Ebene ein geschlossenes Kausalsystem, also durch eine physikalische Kausalität determiniert ist, dann schließt die kausale Verknüpfung von Ereignissen der Vergangenheit mit denen in der Gegenwart jede Form der Willensfreiheit aus. Ein zeitloser und immaterieller Willensakt kann in dieses geschlossene Kausalsystem nicht verändernd eingreifen. Sie leugnen damit, dass ein dieser Kausalität entnommener freier Wille und „Geist" Urheber von Geschehnissen in dem geschlossenen, von der Kausalität bestimmten Lebenssystem werden kann. Dies muss natürlich dazu führen, dass auch ein „frei" entscheidendes und handelndes Subjekt geleugnet wird. Vorausgesetzt wird dabei oft, dass das Subjekt an das Gehirn oder bestimmte Orte in ihm gebunden und hier mit naturwissenschaftlichen Methoden aufweisbar sein müsse. Dass ein solches Subjekt durch die Verfahren der funktionellen Bildgebung im Gehirn nicht als „steuerndes Etwas" mit naturwissenschaftlichen Methoden nachgewiesen werden kann, soll die Leugnung des Subjektseins naturwissenschaftlich belegen. Die Frage, ob das „Subjekt" überhaupt ein ans Gehirn gebundenes, wie Hirnfunktionen naturwissenschaftlich fassbares „Etwas" ist, wird oft ebenso wenig

Schema 2:

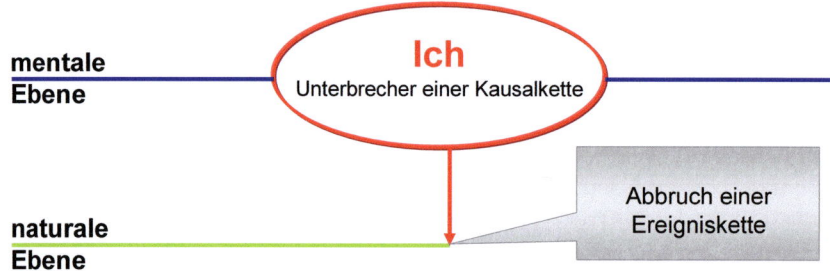

Freiheit als Fähigkeit zum „Veto" (Benjamin Libet)

gestellt wie die, ob man den physikalischen Begriff von Kausalität und die ihm entsprechende, ganz von der Vergangenheit geprägte Zeitstruktur überhaupt unverändert auf das menschliche Leben und Erleben übertragen kann.

Der Verhaltensbiologe und frühere Präsident der Max-Planck-Gesellschaft *Hubert Markl*[23] hat die Erfahrung, dass „Ich" es bin, der fühlt, denkt, will, entscheidet und handelt, als eine „primäre Erfahrungstatsache" bezeichnet und betont, dass wissenschaftliche Theorien, die diese Erfahrungstatsache als Illusion darstellen, das Phänomen nicht erklären, sondern auflösen oder eliminieren, indem sie es auf eine naturwissenschaftlich fassbare Ebene reduzieren, auf der das Phänomen methodisch in seinem Kern überhaupt nicht erfasst werden kann. Man verwechsle

---

[23] Gehirn und Geist, in: Merkur. Deutsche Zeitschrift für europäisches Denken 58 (2004), 1063 ff.

dann eine wissenschaftliche Theorie mit der Wirklichkeit und billige ihr allein oder wenigstens mehr Wirklichkeit zu als dieser Erfahrungstatsache. Damit sei diese aber weder erklärt noch erst recht verstanden. Zwar geben naturalistisch denkende Neurophysiologen wie *G. Roth, W. Singer u.a.* vor, sie wollten den Dualismus von Materie und Geist, subjektivem Erleben und objektiver wissenschaftlicher Beschreibung durch einen außen stehenden Beobachter überwinden oder gar in eine höhere Einheit überführen, doch tun sie dies, indem sie die Dimension des Geistigen und des Subjektiven auf die andere Ebene des Getrennten, auf das naturwissenschaftlich Fassbare reduzieren und es dort mit naturwissenschaftlichen Methoden erklären und dann feststellen, dass es auf dieser Ebene überhaupt nur in seinen physiologischen Korrelaten in Erscheinung tritt und daher letztlich auch nicht mehr als diese sein könne. Was darüber hinaus geht, sei eine subjektive „Illusion".[24] Diese wissenschaftliche Deutung auf der Basis eines naturalistischen Reduktionismus erklärt das Phänomen nicht, sondern erklärt es „weg". Indem man die 3.These in *P. Bieri's* Trilemma (Der Bereich physischer Phänomene ist kausal geschlossen.) zur undiskutierten Voraussetzung aller Überlegungen und einer (!) Deutung der neurobiologischen Befunde macht, muss man notwendig in dieser Weise verfahren und mentale Phänomene auf ihre physischen Korrelate reduzieren und die Gegenwart ganz durch die Vergangenheit determiniert denken. Die Frage ist nur, ob dies dem Erleben des Menschen gerecht wird und ob es wissenschaftlich wirklich so klar ist, dass die These von der kausalen Geschlossenheit physischer Phänomene, insbesondere in Verbindung mit einem physikalischen Determinismus, auch uneingeschränkt für das ganze Leben des Menschen zutrifft oder ob es nicht bis in die leibliche Dimension hinein ein „offenes System" und wenigstens nur bedingt deterministisches System ist.

---

[24] Metzinger, Thomas: „Being No One" , in: Grundkurs Philosophie des Geistes. Bd. 1, Paderborn 2006, 421ff

3.2 Phänomenologie menschlichen Erlebens von Freiheit und die Struktur der Zeit

In einem kausal geschlossenen und deterministisch verstandenen System ist jeder spätere Zeitpunkt durch frühere Ereignisse, mithin die Zukunft durch die Vergangenheit determiniert. Die Vorstellung, der Mensch gestalte durch seine Entscheidungen seine Zukunft entscheidend mit, ist mithin eine Illusion. Es muss, bedingt durch Vergangenheit, alles so kommen, wie es kommt, ganz ohne ein bewusstes Entscheiden und Handeln einer Person. Wir tun also nicht, was wir wollen, sondern wir wollen nachträglich auch noch, was vorgängig zu allem Wollen schon als Ereignis festgelegt ist, was wir aber in unserem Bewusstsein unserem Wollen zuschreiben. In Wirklichkeit ratifiziert demnach aber unser Bewusstsein nur eine „Entscheidung", die im „Gehirn" vorbewusst ohne Zutun des Bewusstseins schon getroffen ist. Das Subjekt ist also gegenüber den tatsächlichen Geschehnissen ein kausal ohnmächtiger Zuschauer. Die Gegenwart ist *nicht Möglichkeit*, die offen ist für die Gestaltung der Zukunft durch ein menschliches Subjekt.

Tatsächlich ist es aber so, dass sich die Ereignisse des Lebens nur im Rückblick in einen deterministischen Verlauf einordnen lassen, indem man eine Verknüpfung von Ereignissen herstellt und damit eine diesen vorgängige geschlossene Kausalität und kausale Determination konstatiert. Ob das eingetretene Ereignis notwendig so kommen musste, wie es gekommen ist, kann man im Nachhinein nicht mehr feststellen und eben damit auch nicht, ob der eingetretene Verlauf auf eine Entscheidung und ein ihr entsprechendes Handeln oder auf eine bloße Determination durch die Vergangenheit zurückzuführen ist. Das muss nur so sein, wenn man annimmt, dass das Subjekt mit seinen Entscheidungen sein Handeln und seine Zukunft überhaupt nicht beeinflussen kann, weil der Bereich physikalischer Phänomene geschlossen ist und mentale Phänomene daher nicht verändernd auf diese einwirken können, also nur ontologisch gleichartige Größen in

Wechselwirkung zueinander treten können. Dies ist Dogma neuzeitlichen naturalistischen Denkens.[25]

Will man dieses Dogma aufbrechen, so muss man zeigen, dass und wie es möglich ist, dass mentale Phänomene die Kraft haben, physische Phänomene wirksam zu beeinflussen. Das wäre ohne große Probleme denkbar, wenn mentale Phänomene auch nur physische Größen wären. Das sind sie aber auf jeden Fall nicht in der Weise, dass sie mit naturwissenschaftlichen Methoden hinlänglich beschreibbar und auf diese Ebene reduzierbar und auf ihr zureichend verstehbar sind. Würde man sie nur als physische Größen verstehen, so vertritt man einen naturalistisch-ontologischen Reduktionismus, der das Subjekt und seine Fähigkeit, seine Zukunft zu gestalten, methodisch von vornherein eliminiert und würde dann aus dem Nichtvorhandensein eines solchen Subjekts als anatomisch und physiologisch erforschbares Objekt im Gehirn schließen, was methodisch schon vorausgesetzt wird, nämlich dass es ein solches Subjekt nicht geben kann, wenn es naturwissenschaftlich nicht „dingfest" zu machen ist. Es stellt sich daher die Frage, ob es auch neurowissenschaftliche Erkenntnisse gibt, die Anlass geben, sich vom Vorverständnis der kausalen Geschlossenheit und dem makrophysikalischen Zeitverständnis im Bereich menschlichen Lebens zu lösen und die Ebene der wissenschaftlichen Beobachtung und Beschreibung (Dritte-Person-Perspektive) mit der Erlebnisperspektive des Subjekts (Erste-Person-Perspektive) und einer mentalen Verursachung zur Übereinstimmung zu bringen, ohne letztere auf erstere zu reduzieren. Dies setzt auf jeden Fall voraus, dass man keine deterministische Geschlossenheit physikalischer und darauf aufbauender biologischer Systeme vertritt.[26]

Immanuel Kant ging davon aus, dass Freiheit eine transzendentale Größe und eine freie Willensentscheidung daher ein zeitloser Akt jenseits der empirisch fassbaren Welt ist. Dem entspricht, dass das entscheidende und handelnde Subjekt

---

[25] Eibach, Ulrich: Entstehung und Entwicklung des Lebens: Können sie als Schöpfung Gottes verstanden werden?, in: Herzog, Volker (Hrsg.): Lebensentstehung, 311 ff.

[26] Alt, Wolfgang: Systemtheoretische Prinzipien des Lebendigen, in. Herzog, Volker (Hrsg.); Lebensentstehung, 160ff.

„außerhalb" dieses psychophysischen Lebens steht und doch von dieser Position aus in es einwirken können soll. Diejenigen, die von naturalistischen Voraussetzungen ausgehen, wollen die Anschauungen Kants widerlegen, indem sie aufzeigen, dass derart transzendentale Größen keinen wirksamen Einfluss auf das kausal geschlossene naturale Geschehen ausüben können. Die Frage ist nur, ob man das „Ich" und seine Freiheit so „jenseits" des leibhaften Geschehens denken muss, wie Kant es tut, ob das leibhafte Leben des Menschen nicht in sich ein „offenes", ein für die Gestaltung durch es selbst „offenes Geschehen" ist.

Es kann aufgrund vieler, nicht nur neurowissenschaftlicher Erkenntnisse nicht mehr bestritten werden, dass es keine unbedingte Freiheit geben kann. Diese Erkenntnis wurde auch in der theologischen Tradition – wenn auch auf ganz anderer Ebene – gewonnen (vgl. Kap. 2). Das menschliche Entscheiden und Handeln ist immer durch eine Vielzahl naturaler, seelischer, sozialer und kultureller Größen, durch die Biologie, die Erziehung, das Erlernte, die Lebenserfahrung, die früheren Lebensentscheidungen und anderes bestimmt. Sie grenzen den Entscheidungsspielraum in vielfältiger Weise ein, ohne die Zukunft damit zu determinieren. Unbestritten vollzieht unser Organismus und nicht zuletzt das Gehirn als seine zentrale Regulationsinstanz die meisten Anpassungen an die Lebenserfordernisse vorbewusst, und viele naturale, auch seelische Phänomene, wie Triebe, Neigungen, Gefühle, können nur bedingt durch unser Wollen und Entscheiden wirksam beeinflusst werden, manchmal aufgrund unabänderlicher naturaler Vorgaben grundsätzlich nicht, manchmal aufgrund von Prägungen, fehlender seelisch-geistiger Kraft oder krankhafter Entwicklungen, oft aber auch aus mangelndem Bemühen und Gleichgültigkeit oder auch gewollt nicht. Das besagt aber noch lange nicht, dass der Mensch immer nur Opfer seiner Hirnfunktionen und nie auch Subjekt und Täter der von ihm hervorgebrachten bösen Taten ist. Das müsste dann selbstverständlich auch für die guten Taten und kreativen Leistungen gelten, auch die wären dann keinem Subjekt, keiner Person als Verdienst zuzurechnen, auch darin wäre der Mensch nur Opfer.

Subjektives Erleben entsteht sicher nur auf neuronaler Basis. Aber unsere Alltagserfahrung lehrt uns, dass es seinerseits auch die neuronalen Strukturen unseres Gehirns beeinflusst, indem subjektive Erfahrungen im Gehirn verarbeitet und dort in einen Zusammenhang mit der bisherigen Lebenserfahrung gebracht werden. Dabei ist es nicht entscheidend, dass die Lebensgestaltung durch nichts anderes als durch einen allen Prägungen des Lebens entnommenen Willen bestimmt ist, sondern nur, dass der Mensch in der Lage ist, bestimmte Herausforderungen des Lebens bewusst zu bedenken, zu prüfen und zu verarbeiten, so dass sein Wollen, Entscheiden und Handeln in der Gegenwart durch dieses Nachdenken über sein eigenes Leben, also seine Vergangenheit, und zugleich von einem Vorausplanen der Zukunft bestimmt wird. Die in diesem Prozess gefällten Entscheidungen und die durch sie bestimmten Handlungen haben also eine zeitliche Struktur, in der die Vergangenheit des Lebens auf die Zukunft bezogen, diese in einem geistigen Akt antizipiert und so in die gegenwärtige Entscheidung und damit in einen Willensakt integriert wird. Dabei wird die Zukunft durch diesen Willensakt zwar nicht beliebig gestaltbar, aber doch durch ein ihm entsprechendes Handeln erst in ihrer konkreten Ausprägung bestimmt; sie ist in ihm schon präsent, auch wenn sie faktisch noch nicht gegeben ist. Ebenso ist die Vergangenheit, auf die die Zukunft im Akt der Entscheidungsfindung bezogen wird, bevor eine Entscheidung fällt, schon als die die Lebensausrichtung und damit auch die konkreten Absichten prägende Größe präsent, denn nur so kann eine Kontinuität in der Lebensführung möglich werden.

Der renommierte amerikanische Neurowissenschaftler *Joaquin Fuster*[27] hat die zeitliche Struktur eines subjektiven Willensakts erforscht und herausgefunden, dass der präfrontale Kortex diejenige Struktur des Gehirns ist, deren Funktionen die zeitliche Organisation unseres Verhaltens übernehmen. In dieser Organisation wirken drei Funktionsbereiche zusammen, der Funktionsbereich, der auf die Vergangenheit, der, der auf die Zukunft bezogen ist, und der auf die Gegenwart

---

[27] Cortex and Mind. Unifying Cognition, Oxford / New York 2003; vgl. Kupke, Christian / Vogeley, Kai: Die Zeitlichkeit der Freiheit, in: M Heinze / T. Fuchs / F.R. Reischies (Hrsg.): Willensfreiheit – eine Ilusion? Berlin, Lengerich 2006, 77ff.

bezogene Bereich, der die beiden anderen zu einer insgesamt einheitlichen „Gestalt" integriert. Dies ist eine aktive konstruktive Leistung eines Organismus und – auf der Ebene des Bewusstseins – eines selbstbewussten Subjekts, dem die *Zukunft als aktiv zu gestaltende Möglichkeit aufgegeben* ist. Der Mensch ist auf der bewussten wie der unbewussten Ebene in seiner Wahrnehmung und seinem gesamten Erleben immer aktiv auf Zukunft bezogen. In diesem sich in der Gegenwart ereignenden, nicht zeitlosen einheitlichen Akt wird die Vergangenheit auf Zukunft und die Zukunft auf Vergangenheit bezogen. Als auf Zukunft bezogener Akt ist dieser gegenwärtige Akt *Möglichkeit*, ist offen für Gestaltung, ist nicht nur von der Vergangenheit bestimmt, sondern bedarf der unbewussten oder bewussten aktiven Integration der zeitlichen Struktur unseres Verhaltens und – bei bewussten Vorgängen – unseres Entscheidens und Handelns, also der Aktivität eines Subjekts. *Fuster* kommt mit seinen neurobiologischen Analysen der zeitlichen Struktur menschlichen Entscheidens und Handelns der Phänomenologie des zeitlichen Erlebens beim Philosophen *E. Husserl* nahe.[28]

3.3 Freiheit als Fähigkeit zur Lebensführung

Entscheidend an diesem Ansatz ist, dass das binäre Zeitverständnis und die ihm entsprechende Vorstellung von einer kausalen Geschlossenheit des Zeitablaufs aufgebrochen werden, sodass die Zukunft nicht durch die Vergangenheit ganz determiniert betrachtet wird. Die Struktur der Zeit wird vom Standpunkt eines erlebenden Subjekts aus strukturiert. Sie impliziert echte *Möglichkeit* und damit Offenheit für eine aktive Gestaltung durch ein Subjekt. Das Subjekt ist also nicht – wie in der Theorie der kausalen Geschlossenheit physischer Phänomene vorausgesetzt wird – in seinem Entscheiden und Handeln den physischen Größen gegenüber jenseitig „transzendent" und daher ohnmächtig. Freiheit ist im Bereich der Möglichkeit, der Offenheit der Zukunft anzusiedeln, nicht im Bereich der Vergangenheit und der durch sie angeblich determinierten Gegenwart und Zukunft. Die Zukunft ist vielmehr offen für die aktive Gestaltung durch ein Subjekt, sie ist

---

[28] Vorlesungen zur Phänomenologie des inneren Zeitbewußtseins, hrsg. von M. Heidegger, Halle 1928; vgl. dazu Kupke / Vogeley: Die Zeitlichkeit der Freiheit, 87 ff.

nicht gänzlich durch die Vergangenheit bestimmt, sondern dem Menschen aufgegeben, und zwar als eine Integrationsleistung, in der die Zukunft bewusst oder unbewusst auf Vergangenheit und die Vergangenheit aktiv auf Zukunft zu beziehen ist.

Auf dem Hintergrund einer solchen zeitlichen Struktur des Entscheidens ist es nicht verwunderlich, dass der die Zeitebenen integrierende Akt des Wahrnehmens, Nachdenkens, Vorausplanens, Entscheidens und Handelns schon im Vorfeld des bewussten Entscheidens seine neurophysiologischen Spuren im Gehirn zeigt, insbesondere auch das Phänomen der Antizipation der Zukunft in der Form eines Bereitschaftspotentials zum Handeln, bevor es zu einer Entscheidung kommt. Wie anders sollte sonst die Zukunft unter Berücksichtung der Vergangenheit in den Akt der Entscheidung einfließen? Dies wäre nur erstaunlich und ein Beweis für die Unwirksamkeit des geistigen Akts der Entscheidung, wenn man diesen als zeitlosen Akt jenseits von Raum und Zeit versteht, der dann sekundär, gleichsam von außen her ins raum-zeitliche Leben verursachend eingreift oder nicht eingreifen kann, weil dieses ein geschlossenes System sei. Die Freiheit des Subjekts ist unter der Voraussetzung dieser Zeitstruktur menschlichen Entscheidens und Handelns mehr als die von *B. Libet* angenommene Fähigkeit zur Verhinderung einer sich unbewusst durch physiologische Prozesse anbahnenden Handlung („Vetomöglichkeit"), sie ist eine Fähigkeit, dem Leben bewusst eine Ausrichtung auf eine Zukunft zu geben, die nicht nur durch die Vergangenheit bestimmt ist, und damit auch auf Ziele hin zu gestalten, und zwar nicht nur in einzelnen Handlungen, sondern das gesamte Leben, es ist Fähigkeit zur *„Lebensführung"*. Erst darin und nicht schon allein in der Fähigkeit, einzelne Handlungen oder gar künstlich aus einem realen Lebenskontext gelöste einfachste Handlungen – wie in den Experimenten von *B. Libet* – willentlich durchzuführen, erweist sich die Freiheit als eigentliches menschliches Phänomen, also als Fähigkeit, das eigene Leben im Rahmen der geschöpflichen Grenzen auf Ziele hin zu gestalten.

Es kann – wie gesagt – aufgrund vieler, nicht nur neurowissenschaftlicher wie auch theologischer Erkenntnisse nicht mehr bestritten werden, dass es keine unbedingte Freiheit geben kann. Wir wissen aber auch, dass die Strukturen unseres Gehirns und - wie es die neueren Erkenntnisse der Epigenetik zeigen - selbst die Gene durch unser Denken und das geistig-kulturelle Leben beeinflusst werden, wenn z.B. subjektive Erfahrungen im Gehirn verarbeitet und dort in einen Zusammenhang mit der im Gedächtnis gespeicherten Lebenserfahrung gebracht werden. Der Mensch ist in der Lage, bestimmte Herausforderungen des Lebens bewusst zu bedenken, zu prüfen und zu verarbeiten, so dass sein Wollen, Entscheiden und Handeln in der Gegenwart durch dieses Nachdenken über sein eigenes Leben, also seine Vergangenheit, und zugleich von einem Vorausplanen der Zukunft bestimmt wird. Die Zukunft wird durch diesen geistigen Akt zwar nicht beliebig gestaltbar, aber doch durch ein ihm entsprechendes Handeln erst in ihrer konkreten Ausprägung bestimmt, sie ist in ihm schon präsent, auch wenn sie faktisch noch nicht gegeben ist. Ebenso ist die Vergangenheit, auf die die Zukunft im Akt der Entscheidungsfindung bezogen wird, bevor eine Entscheidung fällt, schon als die die Lebensausrichtung und damit auch die konkreten Absichten prägende Größe präsent, denn nur so kann eine Kontinuität und Diskontinuität in der Lebensführung möglich werden.

Entscheidend an diesem Ansatz ist, dass die Gegenwart und die Zukunft echte Möglichkeit und damit offen für eine aktive Gestaltung durch ein Subjekt sind, sie nicht gänzlich durch die Vergangenheit bestimmt, sondern dem Menschen zur Gestaltung aufgegeben sind, und zwar als eine Integrationsleistung, in der die Zukunft bewusst oder unbewusst auf die Vergangenheit und diese aktiv auf die Zukunft zu beziehen ist. Der Akt des Entscheidens ist also kein der leiblichen Verfasstheit des Menschen entnommener zeitloser Akt, sondern hat selbst eine leibliche und zeitliche Struktur. Daher ist es nicht verwunderlich, dass der die Zeitebenen integrierende Akt des Wahrnehmens, Nachdenkens, Vorausplanens, Entscheidens und Handelns schon im Vorfeld des bewussten Entscheidens seine neurophysiologischen Spuren im Gehirn zeigt, insbesondere auch das Phänomen der Antizipation der Zukunft in der Form eines Bereitschaftspotentials zum

Handeln, bevor es zu einer Entscheidung kommt. Wie anders sollte sonst die Zukunft in den Akt der Entscheidung einfließen. Dies wäre nur erstaunlich und ein Beweis für die Unwirksamkeit des geistigen Akts der Entscheidung, wenn man diesen als zeitlosen Akt jenseits von Raum und Zeit versteht, der dann sekundär gleichsam von außen her ins raum-zeitliche Leben verursachend eingreift oder nicht eingreifen kann, weil dieses ein geschlossenes System sei.

Freiheit ist nach diesem Verständnis begrenzte Freiheit, ein „Nicht-festgelegt-sein" durch die biologische, psychische und soziale Vergangenheit und die gegenwärtige Mit- und Umwelt. Es ist Freiheit, die eigene Zukunft und damit auch das Leben in den Grenzen dieser Vorgaben auf Ziele hin zu gestalten, die dem Leben einen Sinn geben, und darin auch Freiheit, sich nicht nur von diesen Vorgaben gänzlich bestimmen zu lassen. Diese konkrete Gestalt von Freiheit ist zum einen in die Leiblichkeit und zum anderen in die Biographie des Menschen eingeordnet.[29] Freiheit realisiert sich daher nicht nur in einzelnen Willensakten und Taten, sondern in der Gestaltung des Lebens auf seine Bestimmung, auf Ziele hin. *Ein solcher Freiheitsbegriff ist also auf die ganze Lebensgeschichte bezogen und nicht nur auf einzelne Taten.* Sie ist eine Freiheit zur *Lebensführung.* In ihnen spiegelt sich die Grundausrichtung des Lebens wider, und diese wird wiederum von den einzelnen Taten bestätigt, oder diese können ihr auch widersprechen. Die Freiheit des Menschen ist also im Kontext der gesamten leiblichen Verfasstheit – zu der auch die Triebe, Neigungen, Emotionen gehören – und Lebensführung und der durch sie geprägten Lebensgeschichte zu betrachten. Freiheit zeigt sich sicher nicht zuletzt daran, dass der Mensch als seiner selbst bewusstes Subjekt fähig ist, auch die naturalen Größen seines Lebens zu bewerten, ihnen eine Richtung zu geben, die den eigenen Lebensvorstellungen entspricht. Dabei ist es allerdings nicht so, dass ein Geist und Wille diesen Größen unabhängig, frei gegenüber steht, sondern das menschliche Wollen ist ein *Streben,* das selbst wieder durch Triebe, Neigungen, Gefühle mitbestimmt, aber durch sie nicht festgelegt ist. Sie sind uns oft nicht bewusst. Es kommt aber doch darauf an, dass sie im Akt der Entscheidungssuche

---

[29] Fuchs, Thomas: Das Gehirn - ein Beziehungsorgan. Eine phänomenologisch-ökologische Konzeption, Stuttgart 2008.

ebenso wie die bisherige Lebensbiographie möglichst ins Bewusstsein gehoben, bedacht und bewertet werden, damit der Mensch sie als Subjekt mit seinem Willen bestätigen oder zu ihnen Distanz nehmen kann.

Schema 3:

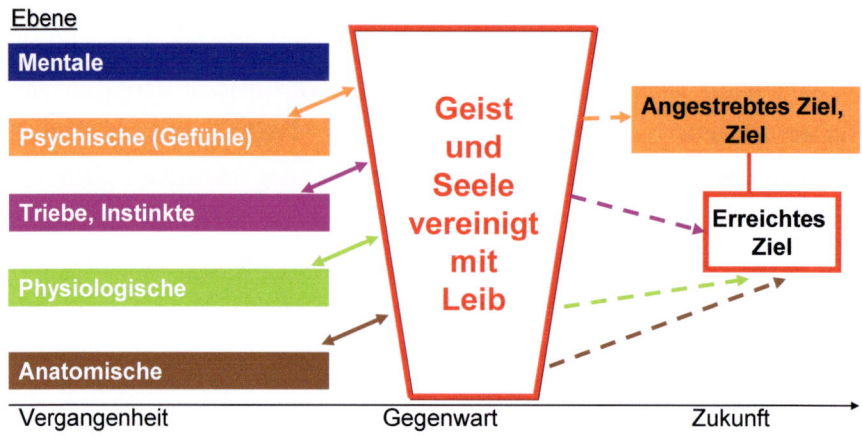

„Ich" als kontrollierendes und steuerndes Zentrum des Leibes

Ich in der Leiblichkeit eingebunden, Leiblichkeit durchdrungen vom Ich

Der menschliche Geist und Wille sind in sich vielleicht frei, das erkannte Gute zu wollen, sie haben in sich allein jedoch oft nicht die Kraft, das Wollen Tat werden zu lassen.[30] Letzteres kann der Wille meist nicht aus sich selbst. Zu dieser Freiheit muss der Mensch immer wieder befreit werden, dadurch, dass dem Willen durch entsprechende Motivationen und Gefühle die Kraft zufließt, zu einem dem Wollen entsprechenden Können und zur Tat zu werden. Das schließt ein, dass der Wille durch Triebe, Neigungen und Emotionen auch gefesselt und unfähig werden kann, zu diesen Größen Distanz zu nehmen, wie es an den stofflosen wie

---

[30] *Eibach:* Gott im Gehirn?, 76 ff.

stoffgebundenen Süchten am ersichtlichsten wird. Ohne die Besetzung des menschlichen Erkennens des Guten und des Wollens mit der motivierenden Kraft der Gefühle bleibt das Erkennen und Wollen oft kraftlos, wenn nicht ohnmächtig und kann dann nicht zu einer entsprechenden Tat werden.

Bei diesem Verständnis von Willensfreiheit wird deutlich, dass Freiheit nicht etwas ist, das der Mensch als Qualität besitzt, dass der freie Wille nicht als freier Geist etwas Unfreiem im Menschen frei gegenübersteht, sondern dass sich Freiheit im konkreten Lebensvollzug ereignet, dass Freiheit immer *Befreiung von etwas*, der dem Tun des Guten widersprechenden Selbstsucht, und *Befreiung zu etwas*, zum Tun des Guten voraussetzt. Als leib- und zeitloser abstrakter Geist und Wille ist der Wille ohnmächtig. Er muss, um Tat zu werden, zur Freiheit, zum Dienst am Guten befreit und dazu von „tieferen" Kräften der Liebe, die nie ohne Emotionalität ist, ergriffen und bestimmt werden. Entgegen der Ansicht *Immanuel Kants* entspringt allein aus einem durch die Vernunft erkannten *Sollen* noch kein entsprechendes *Wollen* und auch aus einem *Wollen* allein noch kein *Können*. Für den Apostel *Paulus*, *Augustinus* und *Luther* liegt der Grund dafür in der beschriebenen „Zerrissenheit" und Ohnmacht des nie „reinen", sondern immer schon konkret durch Triebe, Neigungen und Gefühle bestimmten Willens (vgl. Kap.2). Diese Sicht wird durch die Erkenntnisse der Neurowissenschaften über die Bedeutung der Gefühle für unser Erleben, Denken, Wollen und Handeln belegt. Nur in dem Maße, in dem die Gesamtausrichtung des Wollens, des Strebens und das Wollen einzelner Handlungen durch ihm entsprechende Gefühle mit einer motivierender „Kraft" bestimmt wird, kann er sich wirksam in ihm entsprechende Handlungen umsetzen. Der Wille ist also nicht eine dem psychophysischen Leben frei gegenüberstehende „Größe", sondern ist in die Leiblichkeit und den gesamten Lebensvollzug eingebettet.

4 Zur Bedeutung neurowissenschaftlicher Erkenntnisse für ein christliches Verständnis von Freiheit

Es gibt für die Theologie allen Anlass, sich nicht an einem Verständnis von Willensfreiheit zu orientieren, in dem man diese als unzeitlichen Akt jenseits dieser empirischen Welt und nur als Bedingtsein durch nichts als sich selbst betrachtet. Insofern hat die Theologie keine grundsätzlichen Einwände gegen das von vielen Philosophen und Neurowissenschaftlern[31], die keinem naturalistischen Determinismus huldigen[32], vertretene eingeschränkte Konzept von Freiheit unter der Voraussetzung von Abhängigkeit, die nicht einem geschlossenen kausalen Determinismus gleichkommt.[33] Diese geschöpfliche Begrenztheit der Freiheit, die Philosophen als Abhängigkeit von der Natur beschreiben, beschreibt aber nicht den Kern der christlichen Sicht von Freiheit. Nach ihr ist der Wille des Menschen nicht nur durch ihm äußere Verhältnisse unfrei, sondern der Wille des sündigen Menschen selbst ist unfrei. Selbst diejenigen philosophischen Konzeptionen, die eine durch natürliche Gegebenheiten stark eingeschränkte Freiheit vertreten, gehen immer noch davon aus, dass der durch die Vernunft bestimmte Wille in sich frei ist und nur durch ihm äußerliche Umstände in seiner Freiheit eingeschränkt ist. Darin besteht eine grundsätzliche Übereinstimmung mit dem von ihnen abgelehnten unbedingten Verständnis von Freiheit bei I. Kant und im deutschen Idealismus. Auch bei ihnen ist daher für ein Verständnis von Freiheit als Befreiung des Willens zur Freiheit wenig Platz.

---

[31] Bieri: Peter: Das Handwerk der Freiheit. Über die Entdeckung des eigenen Willens, München 2001; M. Pauen: Illusion Freiheit? Mögliche und unmögliche Konsequenzen der Hirnforschung, Frankfurt a.M. 2004; H. Walter: Neurophilosophie der Willensfreiheit. Von libertarischen Illusionen zum Konzept natürlicher Autonomie, Paderborn (2. Aufl.) 1999.

[32] Zur Kritik des naturalistischen Programms vgl. Habermas, Jürgen: Zwischen Naturalismus und Religion; U. Lüke/ H. Meisinger/ G. Souvignier (Hrsg): Der Mensch – nichts als Natur? Interdisziplinäre Anmerkungen, Darmstadt 2007; Honnefelder, L. / Schmidt, L. (Hrsg.): Naturalismus als Paradigma. Wie weit reicht die naturalistische Erklärung des Menschen? Berlin 2007.

[33] Vgl. Beuttler, Ulrich: Freier Wille, S. 70 ff.; D. Evers: Der menschliche Mensch. Hirnforschung und christliches Menschenbild, in: J.C. Schmdt / L. Schuster (Hrsg.): Der entthronte Mensch? Anfragen der Neurowissenschaften an unser Menschenbild, Paderborn 2003, S. 327 ff., bes. 334 ff.

4.1 Freiheit als Befreiung zur Gestaltung des Lebens

Nach christlichem Verständnis ist der Wille des Menschen nicht nur durch ihm äußere Verhältnisse unfrei. Gerade indem der Mensch autonom sein, Gottes und vielleicht auch des Mitmenschen nicht bedürfen will, verfällt er an sich selbst, dem Hochmut und der Selbstsucht und damit der Unfreiheit, der Gefangenschaft in der Sünde, die sein Innerstes und damit auch seinen Geist und Willen bestimmt, ja oft beherrscht (vgl. Kap.2). Die Unfreiheit unter der Macht der Sünde bezieht sich nicht so sehr auf einzelne Taten als vielmehr auf die grundlegende Lebensausrichtung, auf das Streben des Menschen auf das von Gott gesetzte Ziel des Lebens hin. Sie ist die *Verfehlung dieses Ziels*, der Bestimmung des Daseins. Sie schließt nicht aus, dass der Mensch sich in einzelnen Handlungen selbst bestimmt und dass er seinen Willen Tat werden lassen kann, auch nicht, dass diese einzelnen Taten in ihren Folgen moralisch gut sein können. Damit wird aber nicht das Ziel des Strebens verändert. Dies kann nur geschehen, indem der Mensch in seiner Lebensausrichtung auf Gott hin gewendet wird, indem er also von dem auf sich selbst gewendeten Streben, dem Hochmut und der Selbstsucht, befreit wird zur Ausrichtung auf Gott hin. Die Freiheit und die Kraft, diese Wende zu vollziehen, hat er nicht in sich selbst, sie kann ihm nur von Gott im Glauben geschenkt werden. Deshalb ist Freiheit christlich immer als *Befreiung von der Sünde* im Glauben an Christus und zugleich als *Befreiung zur Gottes- und zur Nächstenliebe* zu verstehen. Daher stellt sich die Frage, ob das christliche Verständnis von Freiheit nicht weitgehend unabhängig von einem philosophischen Verständnis von Freiheit als Selbstbestimmung und Autonomie zu verstehen ist und ob es deshalb überhaupt von der neurowissenschaftlich-naturalistischen Infragestellung der Willensfreiheit betroffen ist.

Die christliche Freiheit zeigt und bewährt sich gerade in der Grundausrichtung des Lebens auf Gott hin, der der Mensch kraft des Glaubens in seinen einzelnen Entscheidungen und Taten immer neu entsprechen soll. Die christliche Theologie muss daher daran interessiert sein, dass eine solche Form von Freiheit von der geschöpflichen Grundlage her auch möglich ist. Sie kann daher nicht einem naturalistischen Determinismus gleichgültig gegenüber stehen oder ihn gar bejahend aufnehmen; denn dann wäre es dem Menschen einmal *„von Natur aus"* unmöglich, dass er mit seinem Leben und Handeln der göttlichen Daseinsbestimmung entspricht, und zum anderen würde verkannt, dass der naturalistische Determinismus überhaupt keine Möglichkeit für ein Wirken Gottes in dieser Welt und im menschlichen Leben offen lässt, der Mensch also gar nicht durch Gottes Wort und Geist in seiner Existenz bestimmt werden kann, sondern nur durch die „blinden" Kräfte der Natur bestimmt wird. Die Welt und mit ihr der Mensch müssen nach dem Naturalismus ja notwendig „Gott-los" gedacht werden.

So stellt sich die Frage, wie Freiheit als Befreiung im Glauben angesichts neurowissenschaftlicher Kenntnisse denkbar ist. Diese weisen auf die große Bedeutung von Emotionen für unser seelisch-geistiges Leben hin, nicht zuletzt für das Denken, Wollen und Handeln. Gefühle ersetzen das Denken und andere geistige Akte nicht, doch können kognitive Leistungen unser Leben nur wirksam bestimmen, wenn sie mit Emotionen besetzt und von ihnen mit Lebenskraft angefüllt werden. Der Wille ist daher immer mitbestimmt durch naturale, vor allem psychische Größen, er ist gleichsam auf sie angewiesen, wird von ihnen bewegt und soll sie doch zugleich auch führen. Dies schließt ein, dass er von diesen Größen auch so in Dienst genommen werden kann, dass er seiner Führungskraft beraubt wird. Führen ihn die Neigungen und Emotionen von seiner ihm von Gott gesetzten Lebensbestimmung weg, so wird der derart gefangen genommene Wille zur „Konkupiszenz" (vgl. Kap. 2).

Frei ist der Mensch demnach immer nur in dem Maße, in dem er *im Glauben dazu befreit wird*, Gott von ganzen Herzen zu lieben und den Nächsten wie sich selbst (Markus 12, 30 f.), wie also das „Herz", das „Innerste", das „Gemüt" des Menschen von der *Liebe* zu Gott und den Mitmenschen bestimmt wird. Nur wenn der Mensch auch von der Ebene der Gefühle her, in seinem „Innersten", seinem „Herz" und „Gemüt" erfasst wird, kann Glaube ein *lebendiger* Glaube sein, in dem der Mensch Gott „mit allen Kräften des Gemüts" und „den Nächsten wie sich selbst" liebt (Markus 12,30). Ein Glaube, der ein bloß kognitiver Akt ist, hat wenig das Leben prägende Kraft, und das Wollen, das seine Kraft nur aus einem von der Vernunft erkannten Sollen bezieht, bleibt den naturalen Trieben, Neigungen und Gefühlen gegenüber oft ziemlich ohnmächtig. Die Befreiung zur Freiheit im Glauben, der durch die Liebe wirksam ist (Galater 5,4), vollzieht sich keinesfalls allein in einem Akt der Selbstreflexion und einem dadurch bestimmten Willen, sondern dadurch, dass der Mensch in seinem Innersten von etwas „ergriffen" wird, was nicht aus ihm selbst kommt, was vielmehr in ihn eindringt, ihn so in seinem bisherigen Streben verändert, ihm die Kraft schenkt, sein Leben neu auszurichten, nicht zuletzt, indem die Vernunft und die Gefühle in Dienst genommen und erneuert werden (Römer 12, 1f). Indem der Geist Gottes dieses Innerste ergreift, vollzieht sich die Befreiung zur „Freiheit der Kinder Gottes" (Römer 8,14ff), bestimmt dieser „neue Geist" von hier aus den Menschen.

Damit wird nicht bestritten, dass diese Erneuerung auch im „Denken", im „Nous" ansetzen und sich in erster Linie hier vollziehen und von da aus den ganzen Menschen ergreifen kann, doch meint „Nous" beim Apostel Paulus (Römer 12,2) nicht Vernunft und überhaupt nicht Selbstreflexion und „Rationalität", sondern vielmehr die Einheit von „Herz und Verstand", die in der Lage ist zu prüfen, was das Gute und das Gott Wohlgefällige ist, das zu tun ist. Zu dieser Prüfung gehört auch die der Emotionen, denn Emotionen – aber sicher auch die Vernunft – können irren und fehl leiten, wenn sie den Willen allein bestimmen. Auch sie bedürfen daher der Erneuerung durch den Geist Gottes. Daher bedarf der Wille nicht nur der Besetzung durch Gefühle, sondern auch der Orientierung durch die vom Geist Gottes erneuerte Vernunft und der Erneuerung der Gefühle, damit der Mensch das Gute und Gott Wohlgefällige erkennt und es auch will und durch seinen Willen Tat werden lassen kann (Römer 7,18). Insofern muss der Wille nicht nur durch die bewussten Leistungen der Großhirnrinde, sondern auch durch die Leistungen des „limbischen Systems", das unser bewusstes Leben vor allem mit Emotionen besetzt, bestimmt werden, wenn der Wille zu einer Kraft werden soll, die das Leben prägt.

Für das christliche Verständnis von Freiheit als je im Glauben neu geschenkte Freiheit ist es nicht entscheidend, dass der Wille gegenüber den Neigungen und Emotionen frei im Sinne von autonom ist, sondern nur, dass der nicht von den Emotionen lösbare Wille und das Streben des Menschen offen ist oder werden kann für das erneuernde Wirken des Geistes Gottes an und in ihm. In diesem Sinne muss der christliche Glaube an einer „natürlichen Freiheit" des Menschen und daran interessiert sein, dass der Mensch ein Subjekt ist, das sich in seinem Wollen und Handeln in den ihm gesetzten Grenzen selbst bestimmen kann und deshalb in diesen Grenzen auch für sein Handeln Verantwortung trägt. Deshalb sind die Thesen des naturalistischen Determinismus zu bestreiten. Das dargelegte phänomenologische Verständnis von *Freiheit als Möglichkeit zur Gestaltung der Zukunft* unter Bezugnahme auf die bisherige Lebensbiographie stellt für dieses christliche Verständnis eine hinreichende, anthropologisch und auch neurowissenschaftlich begründbare Basis dar.

4.2 Freiheit, Lebenswende, „Bekehrung"

Das dargelegte phänomenologische wie auch das theologische Verständnis von Freiheit reicht aus für die Zuschreibung von Verantwortung für einzelne Taten wie auch für die gekennzeichnete Gestaltung des Lebens gemäß der göttlichen Lebensbestimmung des Menschen.[34] Der Mensch muss nicht müssen. Das Subjekt steht seinen Handlungen und seinem Lebensweg nicht ohnmächtig gegenüber, sondern kann sie – zwar nicht beliebig – aber doch entscheidend gestalten. Es kann nicht nur – im Sinne von *B. Libet* – „Nein" zu seinen naturalen Trieben und Neigungen sagen, sondern kann auch ihre Richtung bestimmen. Dies alles gilt natürlich nur unter der Voraussetzung, dass die Welt biologischer und physischer Phänomene nicht ein geschlossenes Kausalsystem bildet.

---

[34] Achtner: Willensfreiheit; Linke, Detlev B.: Die Freiheit und das Gehirn. Eine neurophilosophische Ethik, München 2005;Rosenberger, Michael: Determinismus und Freiheit. Das Subjekt als Teilnehmer, Darmstadt 2006; Spitzer, Manfred: Selbstbestimmen. Gehirnforschung und die Frage: was sollen wir tun? München 2004.

Die Frage bleibt, ob ein derart begrenzter Begriff von Freiheit auch Freiraum lässt für entscheidende Wenden und Neuorientierungen im Leben, wie die, die im Bereich der Religionen und insbesondere des christlichen Glaubens als „Neugeburt", „Wiedergeburt", „Bekehrung" bezeichnet werden. Menschen, die derart tief verändernde religiöse Erlebnisse hatten, sind für die Ausgestaltung aller Religionen, nicht zuletzt auch für die Christenheit entscheidend. Für den *Apostel Paulus* zum Beispiel war seine Christusvision und Bekehrung vor Damaskus das entscheidende Erlebnis in seinem Leben (Apostelgeschichte 9; Galater 1). Es hat sein Denken und Leben so grundlegend verändert, dass es auf dem Boden des phänomenologischen Verständnisses von Freiheit allein kaum hinreichend einsichtig zu machen ist, denn in ihm gründet Freiheit in der Antizipation einer zwar noch offenen, aber doch grundsätzlich voraussehbaren und planbaren Zukunft und in der Integration dieser Zukunft in die Vergangenheit des bisherigen Lebens. Brüche in der Kontinuität der Lebensbiographie können dann schnell als psychopathologische Ereignisse oder – wenn sie auf „Transzendenzerlebnisse" zurückgeführt werden – als Halluzinationen abgetan werden.[35] Dagegen spricht aber beim Apostel Paulus, dass er dieses religiöse Erlebnis in einem längeren Prozess auf dem Hintergrund seiner Biographie als jüdischer Schriftgelehrter und der Lehre Jesu Christi, wie er sie von den Jüngern Jesu übernommen hat (Galater 1, 17 ff.), bedacht hat und darin zur Erkenntnis von der Rechtfertigung des Menschen durch die Gnade Gottes aufgrund des Glaubens gekommen ist. Das subjektive religiöse Erlebnis gewinnt also in der geistigen Auseinandersetzung mit dem bisherigen Leben und einer religiösen und sprachlich vermittelten Tradition seine Bedeutung und wird so durchaus in die Lebensgeschichte des Apostels eingeordnet. Das spricht dagegen, diese religiöse Erfahrung als psychopathologisches Erleben abzutun. Vielmehr ist es wahrscheinlich, dass dieses Bekehrungserlebnis das Fühlen, Denken und Handeln des „Saulus" so tiefgehend befreit und neu bestimmt hat, dass er zum „neuen" Menschen, zum „Christen„Paulus" wurde. Dies setzt voraus, dass die Freiheit des Menschen

---

[35] Vgl. Dennett, Daniel.C.: Den Bann brechen. Religion als natürliches Phänomen, Frankfurt a.M. 2008; zur Kritik vgl. *Eibach:* Gott im Gehirn?, 85 ff.

gegenüber seiner Vergangenheit auch so geweitet werden kann, dass aus der Kontinuität so etwas wie ein Bruch mit dem bisherigen eigenen Leben wird. Diese Freiheit lässt sich dann nicht mehr bloß aus der Antizipation der absehbaren Zukunft begründen, sondern nur dadurch, dass dieses aus der Lebensbiographie nur sehr bedingt ableitbare religiöse Erlebnis den Menschen in seinem Innersten, seinem Herzen und Gemüt so neu prägt, dass er sein gesamtes Leben neu ausrichten und gestalten muss und kann. Diese Freiheit wird nur besonderen Menschen als Gnade zuteil, auch wenn die Freiheit im Glauben bei „normalen" Christen letztendlich die gleiche Struktur hat. Deshalb ist es für den christlichen Glauben von grundsätzlicher Bedeutung, dass der Geist Gottes im Menschen wirken kann, dass der Mensch als Geschöpf grundsätzlich in dem Sinne frei ist, dass er für Gottes Wirken offen ist, auch dann noch, wenn er sich in der Sünde dem Wirken Gottes verschließt. Auch dann darf er nicht als „geschlossenes System" gedacht werden, das dem Zugriff des Geistes Gottes entzogen ist.

5   Zusammenfassung

Der Beitrag geht der Frage nach, in welcher Weise die in den Neurowissenschaften und der Neurophilosophie geführte Diskussion über die Freiheit des Willens das christliche Verständnis vom Menschen berührt oder gar in Frage stellt. Die christliche Theologie hat die geschöpfliche Freiheit des Menschen immer als begrenzte Freiheit gesehen. Der Mensch, der in dieser Freiheit nach Autonomie gegenüber Gott strebt, wird von der „Ursünde", dem „Seinwollen wie Gott" bestimmt. Er verfällt der Selbstsucht, verliert so den Kern seiner geschöpflichen Freiheit, die nur in der Bindung an Gott wirkliche Freiheit ist. Daher ist Freiheit letztlich nur als Befreiung des Menschen von der Selbstsucht zur Bindung an Gott im Glauben und zum Dienst am Nächsten gegeben. Insofern sollte sich die Theologie nur mit Vorsicht zum Anwalt der Willensfreiheit machen.

Allerdings ist die Unfreiheit des Menschen in der Sünde nicht mit einem naturalistischen Determinismus zu verwechseln, der das Ich, den Willen von außen her unfrei macht, vielmehr steigt die Unfreiheit des Menschen aus dem Innersten des Menschen, aus seinem Geist und Willen selbst auf, ist ihnen nicht äußerlich. Deshalb kann Freiheit in christlicher Sicht nur als Befreiung des Innersten des Menschen durch Gott, nur als Geschenk gedacht werden und nicht als Qualität, die der Mensch unverlierbar hat. Damit aber Gott befreiend im Innersten des Menschen so handeln kann, dass der Mensch sich dem Handeln und Willen Gottes entsprechend auch selbst in seinem Wollen und Handeln bestimmen kann, kann und darf die Natur des Menschen für ein Handeln Gottes am Menschen und ein entsprechendes Wollen und Handeln des Menschen nicht verschlossen sein, darf der Mensch nicht als ein „geschlossenes" und durch „Naturgesetze" gänzlich determiniertes biologisches System verstanden werden, muss er also in seiner Natur eine begrenzte geschöpfliche Freiheit haben. Die Überlegungen zur Phänomenologie der Freiheit zeigen – unter der Voraussetzung, dass ein sich in seiner Leiblichkeit selbst bestimmendes Ich des Menschen nicht grundsätzlich geleugnet wird – , dass die Zukunft des Menschen nicht gänzlich durch seine Vergangenheit determiniert ist, sondern dass sie im Akt der Willensbildung und Entscheidung antizipiert und mit der Vergangenheit verbunden und so das neue Geschehen in die Lebensgeschichte integriert werden kann. Diese Offenheit der Zukunft ist Basis einer Freiheit, in der der Mensch sein Leben gewinnen und verfehlen kann und in der er für ein Wirken des Geistes Gottes in seinem Leben offen ist, das in der menschlichen Leiblichkeit Gestalt gewinnen kann.

Literatur

Achtner, Wolfgang: Willensfreiheit in Theologie und Neurowissenschaften, Darmstadt 2010

Alt, Wolfgang: Systemtheoretische Prinzipien des Lebendigen, in: Herzog, Volker (Hrsg.); Lebensentstehung und künstliches Leben, 160ff.

Avise, John: The Genetic Gods. Evolution and Belief in Human Affairs, London 2001

Beuttler, Ulrich: Freier Wille oder neuronale Determination? Theologische Überlegungen zum Willensbegriff der Gehirn-Geist-Debatte, in: Theol. Beiträge 38 (2007), S.63 ff.

Bieri, Peter (Hrsg.): Analytische Philosophie des Geistes, Königstein 1981

Bieri: Peter: Das Handwerk der Freiheit. Über die Entdeckung des eigenen Willens, München 2001

Dennett, Daniel C.: Den Bann brechen. Religion als natürliches Phänomen, Frankfurt a.M. 2008

Duncker, Hans-Rainer: Die Tragweite der Entwicklung der Menschen zu Sprach- und Kulturwesen, in: Hahn, H.-J. / McClary, R. /Thim-Mabrey (Hrsg.): Atheistischer und jüdisch-christlicher Glaube: Wie wird Naturwissenschaft geprägt?, Norderstedt 2009, 277ff.

Eibach, Ulrich: Seelische Krankheit und christlicher Glaube, Neukirchen-Vluyn 1992

Eibach, Ulrich: Gott im Gehirn? Ich – eine Illusion? Neurobiologie, religiöses Erleben und Menschenbild in christlicher Sicht, Wuppertal (2006), 3.Aufl. 2010

Eibach, Ulrich: Neurobiologie und christliches Verständnis von Freiheit und Unfreiheit des Menschen. – Überlegungen zur theologischen Relevanz einer aktuellen Diskussion, in: „Glaube und Denken". Jahrbuch der Karl-Heim-Gesellschaft, 21.Jg., Frankfurt 2008, 57 ff.

Evers, Dirk: Der menschliche Mensch. Hirnforschung und christliches Menschenbild, in: J.C. Schmdt / L. Schuster (Hrsg.): Der entthronte Mensch? Anfragen der Neurowissenschaften an unser Menschenbild, Paderborn 2003, 327 ff.

Fuchs, Thomas: Das Gehirn - ein Beziehungsorgan. Eine phänomenologisch-ökologische Konzeption, Stuttgart 2008

Fuster, Joaquin: Cortex and Mind. Unifying Cognition, Oxford / New York 2003

Habermas, Jürgen: Zwischen Naturalismus und Religion. Philosophische Aufsätze. Frankfurt a. M. 2005

Herzog, Volker (Hrsg.): Lebensentstehung und künstliches Leben. Naturwissenschaftliche, philosophische und theologische Aspekte der Zellevolution, Zug /Schweiz 2010

Holzey, Helmut: Neukantianismus, in: W. Röd (Hrsg.): Geschichte der Philosophie Bd. 12, München 2004

Honnefelder, L.; Schmidt, L. (Hrsg.): Naturalismus als Paradigma. Wie weit reicht die naturalistische Erklärung des Menschen? Berlin 2007

Husserl, Edmund: Vorlesungen zur Phänomenologie des inneren Zeitbewußtseins, hrsg. von M. Heidegger, Halle 1928

Kupke, Christian / Vogeley, Kai: Die Zeitlichkeit der Freiheit. Einige neuere neurowissenschaftliche und phänomenologische Befunde, in: M. Heinze / T. Fuchs / F.R. Reischies (Hrsg.): Willensfreiheit – eine Ilusion? Berlin, Lengerich 2006, S.77ff.

Libet, Benjamin: Mind Time. Wie das Gehirn Bewusstsein produziert, Frankfurt a. M. 2005

Linke, Detlev B.: Die Freiheit und das Gehirn. Eine neurophilosophische Ethik, München 2005

Lüke, U. / Meisinger, H. / Souvignier, G. (Hrsg): Der Mensch – nichts als Natur? Interdisziplinäre Anmerkungen, Darmstadt 2007

Luther, Martin: Disputatio contra scholasticam theologiam, These 17, Luthers Werke Bd. V, hrsg. von O. Clemen, Berlin 1963, .321ff.

Luther, Martin: Von der Freiheit eines Christenmenschen, in: Luther Deutsch. Die Werke Martin Luthers, hrsg. von K. Aland, Bd.2, Göttingen 1981, 251 ff.

Markl, Hubert: Gehirn und Geist, in: Merkur. Deutsche Zeitschrift für europäisches Denken 58 (2004), 1063 ff.

Metzinger, Thomas: „Being No One" , in: Grundkurs Philosophie des Geistes. Bd. 1, Paderborn 2006, 421ff

Pauen, Michael: Illusion Freiheit? Mögliche und unmögliche Konsequenzen der Hirnforschung, Frankfurt a. M. 2004

Ricoeur, Paul: Hermeneutik und Psychoanalyse, München 1974

Rosenberger, Michael: Determinismus und Freiheit. Das Subjekt als Teilnehmer, Darmstadt 2006

Roth, Gerhard: Worüber dürfen Hirnforscher reden – und in welcher Weise, in: C. Geyer (Hrsg.): Hirnforschung und Willensfreiheit. Zur Deutung der neuesten Experimente, Frankfurt a. M. 2004, 66 ff.

Singer, Wolfgang: Ein neues Menschenbild? Gespräche über Hinforschung, Frankfurt a. M. 2003

Spitzer, Manfred: Selbstbestimmen. Gehirnforschung und die Frage: was sollen wir tun? München 2004

Walter, Hendrik: Neurophilosophie der Willensfreiheit. Von libertarischen Illusionen zum Konzept natürlicher Autonomie, Paderborn (2. Aufl.) 1999

Menschenbild und Neurowissenschaften

Peter Janich

(Philosophie, Marburg)

1   Einleitung

Kluge Leute fassen das Wort „Menschenbild" nur mit ganz spitzen Fingern an. „Menschenbild" ist nämlich in seinen beiden Teilen „Bild" und „Mensch" mindestens zweideutig, mit weitreichenden Folgen:

„Bild" kann einerseits bedeuten „Abbild von etwas" und andererseits „Vorbild für etwas". In der ersten Bedeutung lautet die Frage nach den Neurowissenschaften, ob sie uns ein neues Wissen liefern, das unsere Auffassung davon verändert, was und wie der Mensch tatsächlich ist. In der zweiten Bedeutung geht es darum, ob die Neurowissenschaften uns eine neue Orientierung liefern, die unsere Moral, unsere Gesetze oder Erziehungsstile verändern.

Gravierender noch, weil meist unbemerkt geblieben, ist die Zweideutigkeit des Wortes „Mensch". Beide Wortbedeutungen verdanken sich übrigens einer Aufklärung, die weitgehend auf die Naturwissenschaften gestützt ist. Einmal wird der Mensch, in der Tradition Darwins, in seiner Abstammung aus dem Tierreich gesehen, das heißt, heutige Menschen und heutige Tiere stammen von denselben Lebewesen ab, die nach unserer heutigen Unterscheidung von Mensch und Tier keine Menschen, sondern Tiere waren. Das ist die naturwissenschaftliche Alternative zu religiösen Schöpfungsmythen und anderen, nicht- oder antiwissenschaftlichen Menschenbildern.

Die andere Wortbedeutung ist die des Alltags, wonach ein Mensch kein Tier und ein Tier kein Mensch ist. Diese Wortbedeutung hebt ab auf Moral, Recht und die Fähigkeit des Menschen zu begrifflicher Sprache und Wissenschaft. Sie verdankt sich ebenfalls der naturwissenschaftlichen Sicht auf die Welt, nach der das Natürliche nur kausal erklärt werden kann, aber nicht absichtsvoll handelt wie eine Person. Wettererscheinungen wie Blitz und Donner gelten nicht als Anzeichen eines zürnenden Gottes, sondern sie werden physikalisch erklärt. Wenn sich eine Schafherde in einen ICE-Tunnel verirrt, sucht nach dem Unglück niemand den verantwortlichen Leithammel oder Hütehund, sondern den verantwortlichen Schäfer. Und kommen bei Naturkatastrophen wie Erdbeben, Tsunamies und Vulkanausbrüchen Menschen zu Schaden, sucht man den Grund in falscher Siedlungspolitik oder schlecht gebauten Häusern.

Prekärer könnte diese Zweideutigkeit kaum ausfallen. Im ersten Falle ist „Mensch" ein klassifikatorischer Begriff der Evolutionsbiologie, der den Menschen biologisch zu den Tieren rechnet. Im zweiten Falle wird der Mensch als Kulturwesen von einem Reflexionsbegriff vertreten. Das heißt, wer im kultürlichen Sinne vom Menschen spricht, reflektiert damit auf die Kriterien des typisch Menschlichen; er bringt damit zum Ausdruck, welche Attribute er ihm zu- und welche er ihm abspricht. Und das hängt von der Kulturgeschichte ab. Zu den Kriterien für „menschlich" zählt heute z. B., dass wir mit Ballonen, Flugzeugen und Raketen fliegen, ja leibhaftig den Mond betreten können, was für einen mittelalterlichen Menschen völlig absurd gewesen wäre. Umso mehr natürlich, was wir durch die modernen Kulturtechniken wie Telefonie, Fernsehen und Internet, leider auch mit einer Atombombe tun können.

Was heißt das für das Menschenbild der Neurowissenschaften? Ist ihr Forschungsgegenstand der natürliche Mensch als Evolutionsprodukt – nun, das ist er in jedem Falle und selbstverständlich – oder ist es der kultürliche Mensch in seiner doppelten Geschichtlichkeit? Wir haben ja alle eine individuelle Lebensgeschichte, eine „Biografie", die ihrerseits durch den Zufall der Geburt nach Ort und Zeit eine bestimmte Stelle der Menschheitsgeschichte einnimmt. Es ist unbestreitbar und unbestritten, dass die Neurowissenschaften gar keine anderen Menschen erforschen können als solche, die immer schon diese zweifach geschichtlichen Kulturwesen sind; und, was im naiven Blick auf die Forschungsobjekte gerne vergessen wird: Die Neurowissenschaftler selber können gar keine anderen Menschen sein als eben Kulturmenschen. Kurz, das Menschenbild der Neurowissenschaften ist wesentlich verfahrener, als sie manchem Freund einfacher Lösungen erscheint.

Ich möchte deshalb in meinem Vortrag drei Schritte gehen:

In einem ersten Teil diskutiere ich die *Neurowissenschaften als Philosophie-Ersatz*. Hier tauchen nicht nur Reizwörter wie Willensfreiheit, Intentionalität und Selbstbewusstsein auf, die neurowissenschaftlich in neuem Licht erscheinen sollen, sondern auch die Manifeste und Programme, die Anmaßungen und großen Heilsversprechungen. Ich erwarte von dieser Vulgär- oder Populärphilosophie keinen Einfluss auf unser Menschenbild. Oder, um es mit einem bekannten Shakespeare-Titel zu sagen: „Viel Lärm um nichts".

In einem zweiten Teil werfe ich einen *wissenschaftstheoretischen Blick* auf die Neurowissenschaften als Teilgebiet einer naturwissenschaftlichen Physiologie. Hier finden sich die Fortschritte und Leistungen der neuen Forschungen. Hier tauchen aber auch bekannte Kategorienfehler auf, die genauer zu bestimmen und ihrer Lösung zuzuführen sind, um die prekäre Spannung zwischen dem natürlichen und dem kultürlichen Menschen wissenschaftlich zu bewältigen. Hier geht es also um ein „Was ihr wollt", um nochmals einen bekannten Shakespeare-Titel zu bemühen.

Der dritte Teil betrachtet *Neurowissenschaften als Medizin*, unterschieden nach einer Life-style-Medizin – exemplarisches Stichwort *Hirndoping* – und einer kurativen Medizin, exemplarisches Stichwort *Alzheimerkrankheit*. In dem Maße, in dem eine neurowissenschaftlich gestützte Medizin den Menschen verändern wird, wird sie auch unser Menschenbild verändern. Da freilich die großen Hoffnungen, die sich angesichts dramatischer Krankheiten auf die Neurowissenschaften richten, bis jetzt nur Hoffnungen geblieben sind, steht dieser Teil, um mit Shakespeare zu reden, unter dem Vorbehalt „Ein Sommernachtstraum".

2 *Neurowissenschaften als Philosophieersatz*

Die Neurowissenschaften sind, das ist unstrittig, Naturwissenschaften. Sie erforschen Nervensyteme an Organismen und bedienen sich dabei naturwissenschaftlicher Verfahren des Beobachtens, Messens und Experimentierens, um Vorgänge im Organismus kausal erklären zu können. Sie sind ein wichtiger Teil der „Naturwissenschaften vom Menschen".

2.1 Das Verhältnis zwischen Naturwissenschaft und Philosophie

Ich setze beim Verhältnis von Naturwissenschaft und Philosophie an. Mir geht es hier bei den Wörtern „Natur"- beziehungsweise „Neurowissenschaft" und „Philosophie" nicht um Fächerbezeichnungen nach dem Türschild- und Lohnzettel-Kriterium. Wer für die Bestimmung von Neurowissenschaft bzw. Philosophie nicht mehr zu bieten hat als die Antwort, diese Fächer seien genau das, was Neurowissenschaftler beziehungsweise Philosophen eben so treiben, was ihnen beim Verlassen ihres Instituts durch das entsprechende Türschild oder durch einen Blick auf ihren Lohnzettel mit der Fachbezeichnung der Dienststelle bestätigt wird, der wird zum Verhältnis dieser Fächer wenig beitragen können. Dabei spielt dieses Türschild- und Lohnzettel-Kriterium in der aktuellen Debatte durchaus eine Rolle.[36]

Da hatte Mitte Juni 2010 Winfried Hassemer, früher Richter und Vizepräsident des Bundesverfassungsgerichts, in der FAZ der Hirnforschung Kategorienfehler vorgeworfen[37]; darauf repliziert ihm kurz danach in der Frankfurter Rundschau der Hirnforscher Gerhard Roth[38] mit dem Argument, dies könne ja wohl kaum der Fall sein, weil neuerdings Hirnforschung *auch von Philosophen* betrieben würde, sozusagen den Fachleuten für Kategorienfehler und ihre Vermeidung. Der selber denkende Leser würde wohl schließen: Hat der Richter recht, dann machen eben auch hirnforschende Philosophen Kategorienfehler; hat aber der Hirnforscher recht, dann irrt der Richter, weil der hirnforschende Philosoph keine Kategorienfehler macht.

Dieses Fächer-Ping-Pong ist schon deshalb abzulehnen, weil es auf reine Autoritätsargumente hereinfällt: Sätze, die beginnen mit „ich als Hirnforscher", „Sie als Richter", „ich als Philosoph" appellieren nur an die Vorurteile der Zuhörer, berufen sich auf Selbstverständnisse der Fächer und verwechseln Glaubensbekenntnisse mit Fachkompetenz. Sie begründen aber nichts.

Was ich Ihnen hier dagegen vortragen möchte, richtet sich nicht nach dem mainstream der Neuro-Philosophen. Ich sehe die Aufgabe der Philosophie vielmehr

---

[36] Aktuelle öffentliche Äußerungen aus der Zeit nach dem Symposium wurden in diesen Aufsatz eingearbeitet.

[37] „Haltet den geborenen Dieb!", in: Frankfurter Allgemeine Zeitung vom 15.06.2010.

[38] Gerhard Roth / Grischa Merkel, "Haltet den Richter!", in: Frankfurter Rundschau vom 26./27. 06. 2010.

in Kritik, hier genauer einer Kritik der Neurowissenschaften. Dabei ist „Kritik" nicht im Alltagssinne zu verstehen, wo „kritisieren" soviel heißt wie *herummäkeln* und *ablehnen*. „Kritik" kommt vom griechischen Verbum *krinein*, was soviel heißt wie *unterscheiden* und *urteilen*. Schließlich waren ja auch die berühmten drei Kritiken Immanuel Kants keine Ablehnungsschriften, sondern großangelegte Versuche des Unterscheidens und Beurteilens. Meine Kritik ist, wie angekündigt, eine wissenschaftstheoretische.

2.2 Neurowissenschaft als Naturwissenschaft

Neurowissenschaftliche Forschung folgt einem naturwissenschaftlichen Programm, wörtlich übersetzt also Vorschriften, die auf das Erkenntnisziel transsubjektiv gültiger Beschreibungen und Erklärungen gerichtet sind und dafür als Mittel die technikgestützten Methoden des Beobachtens, Messens und Experimentierens vorschreiben. In diesen Methoden und Forschungsstrategien haben Geister, Gespenster, Götter und übrigens auch „der Geist" keinen Platz. Was als wissenschaftlich gelten will, muss technisch reproduzierbar sein.

Im Rahmen diese Wissenschaftsideals haben sich zweckmäßige Fachsprachen ausgebildet, zu denen kulturhistorisch schwer belastete Begriffe wie Willensfreiheit, Intentionalität oder Selbstbewusstsein sicher *nicht* gehören, so wenig wie Wahrheit, beweisen, Erkenntnis oder Wissenschaft. Schon die Frage, woher der Anspruch auf empirisch kontrollierte Kausalerklärungen das zu Erklärende, die *Explananda*, nimmt, ist ebenso wenig eine naturwissenschaftliche Frage wie diejenige, ob man die kulturhistorisch aufgelaufenen Probleme naturwissenschaftlich lösen oder durch Umdeuten und Umdefinieren nur zum Verschwinden bringen will. All diese Fragen sind in jedem Falle metatheoretisch und heißen deshalb traditionell philosophisch.

Sofern man nicht mit der naturwissenschaftlichen Planierraupe die alte Kulturlandschaft der Explananda zerstören möchte, gilt es, diese ernst zu nehmen. Schließlich, ich hatte in der Einleitung bereits darauf hingewiesen, sind ja die Damen und Herren Hirnforscher und Physiologen selber Bewohner dieser Kulturlandschaft. Was sich übrigens daran zeigt, dass sie ja die gefährlichen Wörter glauben problemlos zu verstehen. Naiv, wer glaubt, er bliebe als Person des Alltagslebens wie als Hirnforscher ungeschoren, wenn er seine eigene kulturelle Lebensgrundlage zerstört. Hier muss also die philosophische Aufgabe der Sprachkritik an der Tradition ernst genommen werden, aus der die erklärungsbedürftigen Begriffe stammen. Und dafür ist es ganz unerheblich, aus welcher Profession der Sprachkritiker kommt, ganz gleich also, was auf dem Türschild seines Instituts steht, wenn er nur zu vernünftiger Analyse und Sprachkritik fähig ist.

2.3   Sprachkritik

Ein sehr renommierter Evolutionsbiologe hat einmal auf meinen kritischen Einwand, er habe beim Wort „Naturgeschichte" nicht zwischen Geschehen und Geschichtsschreibung unterschieden, zurückgebissen, ob ich ihm vorwerfen wolle, er könne die Erdkugel nicht von der Geographie unterscheiden. So peinlich es mir war, ich musste mit Ja antworten. Die Neurowissenschaften stehen da oft nicht besser da.

Da schwerlich Dinge oder Ereignisse selbst, sozusagen höchst persönlich, in wissenschaftliche Aussagen eingestellt werden können, hat man es auch in den Naturwissenschaften immer mit Sprache, mit der Angemessenheit von Beschreibungen und mit den Kriterien für diese Angemessenheit zu tun. Solange diese Gegenstände noch Hirne, Neuronen und Synapsen sind und die Ereignisse das Feuern von Neuronen, das Inhibieren oder das Takten ganzer Hirnareale, scheint die neurophysiologische Welt noch in Ordnung. Man spricht Objektsprache. Zwar ist nichts von diesen Gegenständen so harmlos zugängig wie Tiere und Pflanzen mit ihren sichtbaren Merkmalen, denen sich ein Genetiker zuwenden mag. Aber die Hoheit über die Objektsprache und die Kriterien ihrer Angemessenheit muss bei der präparierenden und experimentierenden Physiologie bleiben. Das heißt ja nicht, dass diese Kriterien selbst Naturgegenstände wären, die man empirisch, durch Messung und Experiment, untersuchen könnte.

Schon die Frage freilich, ob wir nun einmal so „verschaltet" sind, wie wir es sind, bedient sich eines Modells aus der Elektrotechnik, ist also metaphorische, „übertragene" Rede. Und wenn gar das Füllhorn der Metaphern über sprechende, hörende und kommunizierende Neurone, über dauer-geschwätzige Kompartimente des Zentralnervensystems oder über die Handlungen ganzer Gehirne auftauchen, und wenn der ganze nachrichtentechnische Slang der Computerfreaks über die Beschreibung unseres edlen Zentralorgans hereinbricht, dann hat jede Bemühung um Wahrheit durch Klarheit schon verloren. Da werden Thesen, dass die hohen geistigen Leistungen des Menschen auf einfachen neuronalen Vorgängen „beruhen", zur bloßen Beschwörungsformel, weil die Nachfrage nach dem Sinn des Wortes "beruhen" auf Dauer unbeantwortet bleibt.

Schnell wird dann etwas als „experimentell bewiesen" ausgegeben, ohne zu sehen, dass damit nicht mehr über Hirne und menschliche Leistungen im Objektbereich der Forschung gesprochen wird, sondern über die Forschung selber, über Methoden und deren Prinzipien und Normen. Kurz, da man dies genauer in dem kleinen Suhrkamp-Bändchen nachlesen kann[39], dem ich vermutlich meine Einladung zu

---

[39] Peter Janich, Kein neues Menschenbild - Zur Sprache der Hirnforschung, Berlin, 2009.

diesem Vortrag verdanke, erwähne ich nur die Verwechslung von Objekt-, Meta- und Parasprache in der Diskussion um das Menschenbild der Neurowissenschaften.

2.4 Begleitphilosophie der Neurowissenschaften, eine interdisziplinäre Rettung?

Nun hat derzeit Konjunktur, und zwar nicht nur in Deutschland, sondern vor allem auch in Skandinavien und in den englischsprachigen Ländern, was man allgemein als „Analytische Philosophie des Geistes" bezeichnet. Hier sind wir nicht mehr beim Türschild des Instituts für Philosophie, sondern schon an der Tür des Lehrstuhlinhabers. Da ich hier verständlicherweise nicht auf Gegenliebe träfe, würde ich innerphilosophische Auseinandersetzungen ausbreiten, möchte ich hier nur kurz meine Skepsis begründen, warum die Geistphilosophen auch in enger Kooperation mit Neurowissenschaftlern das Heil nicht bringen werden. Sie kennen keinen Ausweg aus dem Metaphernsumpf.

Dabei rede ich von Türschild-Philosophen, die sich selbst im weitesten Sinne einem *naturalistischen Programm* unterwerfen. Da fehlt es nicht an ausdrücklichen und forschen Bekenntnissen zum Naturalismus, wohl aber fehlt es an ausdrücklichen Definitionen, ob mit „naturalistisch" einfach nur soviel wie „naturwissenschaftlich" gemeint ist (wie im Englischen), oder ob damit *„nichts als* naturwissenschaftlich" im Sinne einer Ausschlussregel intendiert ist. Wer gar unter naturalistisch verteht „nichts als naturgesetzlich", teilt mit den Naturwissenschaften die soeben kritisierte Sprachvergessenheit. Unklar bleibt damit leider auch, ob die Naturalisten unter den Philosophen nur den naturwissenschaftlichen Ergebnissen zustimmen, oder aber, was bei den Bekenntnis- und Begierde-Naturalisten meistens der Fall ist, ob sie auch den Deutungen und Verzierungen in den Selbstverständnissen der Naturforscher zustimmen.

Wohlgemerkt, ich habe mich selbst als Wissenschaftsphilosoph Jahrzehnte um eine enge Zusammenarbeit mit Physikern, Chemikern, Biologen, Medizinern, Psychologen, Mathematikern usw. bemüht. Keiner meiner Doktoranden oder Habilitanden war ohne eine naturwissenschaftliche Ausbildung. Meine Lebenserfahrung sagt aber, dass es immer von Personen und deren Interessen abhing (und kaum von deren eigener Fächerkultur), ob solche Zusammenarbeit fruchtbar verläuft oder nicht. Interdisziplinarität hat immer einen Geburtsfehler, wenn die eine der anderen Disziplin eine Vorherrschaft andient oder abfordert. Nicht nur, dass die Naturwissenschaften auf eine philosophische Affirmation nicht angewiesen sind. Sie bringt auch die Philosophie nicht weiter.

So scharfsinnig und mainstream-beflissen die Analytische Philosophie des Geistes auch die Klassiker des Körper-Geist- und des Leib-Seele-Problems hin und her schiebt, so sehr sie die philosophischen Bekenntnisse der Naturforscher aufgreift, sie wird mit ihren (aktuell zu beobachtenden) Bemühungen, die Willensfreiheit, die Intentionalität oder das Selbstbewusstsein zu *naturalisieren*, im günstigen Falle nur die Probleme bearbeiten, die wir ohne diese Philosophie gar nicht hätten.

Solange nicht die Sinnfrage an Programme gestellt wird, warum und wozu die Neurowissenschaften Kulturphänomene erklären oder durch andere Modelle ersetzen oder umdefinieren sollen, bleibt diese gesamte Debatte zur Hirnforschung bloße Mode, ein Wortnebelzirkus. Daran ändert sich auch nichts, wenn man zugibt, dass diese Modewelle so gewaltig werden könnte, dass am Ende sogar die Neuroökonomen und die Neurotheologen, die Neurojuristen und die Neurokunsthistoriker ihre eigenen Fächertraditionen verlernen oder gar verleugnen könnten. Diffuse Sprache, fehlendes Methodenverständnis und mangelnde Ergebniskritik werden am Ende doch ohne tiefen Einfluss auf unser Menschenbild bleiben, wenn diese Modewelle abgeebbt ist. Neurowissenschaften eignen sich, als seriöse naturwissenschaftliche Physiologie betrieben, nicht zum Philosophie-Ersatz. „Viel Lärm um nichts" also.

3 Neurowissenschaft als Physiologie, wissenschaftstheoretisch betrachtet.

3.1 Naturwissenschaft vom Menschen

Den Menschen zum Objekt naturwissenschaftlicher Forschung zu machen, hat seinen guten Sinn, genauer, hat viele verschiedene, gut begründete Ziele und hat Methoden als Mittel, um diese Ziele zu erreichen. Das Methodenprogramm, keine Geister und Götter als Ursachen zuzulassen, rechtfertigt auch das Erkenntnisprinzip „kein Geist ohne materielle Träger". Die Erforschung des materiellen Trägers von Geist und Seele, wie man traditionell sagt, steht nicht unter Irrationalismusverdacht.

Die Natur, der Kürze halber aristotelisch eingeteilt in Steine, Pflanzen, Tiere und Menschen, erlaubt bereits eine grobe Einteilung naturwissenschaftlicher Forschungsgebiete. Weil es für bestimmte Zwecke ebenso sinnvoll ist, einen Menschen wie einen Stein auf eine Waage zu stellen oder seine Temperatur zu messen, weil also, allgemeiner gesprochen, die Anwendung von Physik und Chemie auf den menschlichen Körper in vielfacher Hinsicht ein höchst sinnvolles und erfolgreiches Forschungsinstrument ist, deshalb ist noch lange nicht gerechtfertigt, den Menschen zu reduzieren auf „nichts anderes als ein Stein", sprich, „nichts als ein materielles System".

Der Mensch als Pflanze, das heißt, der Mensch unter der methodischen Perspektive der Pflanze, nämlich als sich fortpflanzendes Lebewesen, zeigt in den Methoden zur Untersuchung des Stoffwechsels oder der Sequenzierung seines Genoms keine prinzipiellen Unterschiede, wenn sie auf Herrn Müller und Frau Maier oder auf

87

Arabidopsis thaliana (Ackerschmalwand) angewandt werden. Entsprechendes gilt für den Menschen als Tier, das mit Nervensystemen für Wahrnehmung und Steuerung ausgerüstet ist. Die Kenntnis und Differenzierung von Organismusmodellen mit Nervensystemen ist schlichtweg die wissenschaftliche Erkenntnisgrundlage moderner Medizin.

Dass sich unter dem Kanon dieser Methoden die Neurone von Menschen und Nacktschnecken nicht unterscheiden, ist, entgegen den Einflüsterungen mancher Hirnforscher, keine Beleidigung des Menschen, keine Kränkung seines Selbstbildes. Schließlich kann sich ja *die Behauptung* der Gleichheit, sei es der Struktur, sei es der Funktion, von Schnecken- und Menschenneuron *nur formulieren* lassen, wenn der Forscher nicht vergisst, von welchem Lebewesen er seine Neurone genommen hat. Hier begegnet uns wieder die Dominanz des täglichen Lebens, aber nicht die der Neurowissenschaften, wie schon eingangs bei der Zweideutigkeit des Wortes „Mensch": so, wie man für die Darwinsche Subsumption des Menschen unter das Tierreich die Unterscheidung von Mensch und Tier ja bereits braucht, um die darwinistische These überhaupt formulieren zu können, so muss ja auch die These von der Gleichheit des Schnecken- und Menschenneurons, um ihre Wirkung zu entfalten, die Spenderorganismen unterscheiden können, sich aber andererseits genau auf die Beschreibungskriterien beschränken, unter denen beide gleich sind.

Die nicht nur medizinisch erfolgreichen Naturwissenschaften vom Menschen bleiben solange außerhalb der Gefahrenzone metaphysischer Scheinprobleme, solange sie keine Wechselbeziehungen oder gar Abhängigkeiten der verschiedenen Systemebenen oder Methoden behaupten. Zwar ist, und das ist für die Frage nach dem Menschenbild der Neurowissenschaften wichtig, der Mensch ein naturwissenschaftliches Forschungsobjekt, *insofern* er Tier, Pflanze oder Stein ist;

denn das heißt ja nichts Anderes, als dass durch die jeweiligen Zwecke die Anwendung der einschlägigen Methoden als sinnvoll, das heißt als zweckmäßig legitimiert ist. Aber der oben sprachlich gebranntmarkte Fehler eines „nichts-als-Reduktionismus" besteht darin - und das ist ja allgemein bekannt –, die Reduktionsrichtung der Beschränkung des Methodenarsenals umzukehren: So wenig wie Pflanzen Steine mit gewissen Zutaten sind, so wenig sind Menschen Tiere mit gewissen Zutaten. Hier gerät man in die Gefahrenzone der Kategorienfehler.

3.2 Kategorienfehler

Bevor man einsehen kann, dass Kategorienfehler auf Verstößen beruhen, die eine zweckmäßige Ordnung von Schritten im Erkenntnisprozess verletzen, müssen diese erst näher bestimmt sein. Ich möchte aber vorläufig festhalten, dass die bekanntesten Beispiele von Kategorienfehlern mit der Umkehr der Richtung zu tun haben, die im erfolgreichen Abblenden von Aspekten in der Skala Mensch, Tier, Pflanze, Stein durch sinnvolle Methodenwahl naturwissenschaftlich erfolgreich praktiziert wird.

Im Blick auf die Neurowissenschaften hängen die klassischen Fälle von Kategorienfehlern mit den Körper-Geist- beziehungsweise den Leib-Seele-Problemen zusammen. Sie ignorieren den Umstand, dass *immer zuerst* die Explananda, also die zu erklärenden Umstände bestimmt sein müssen, *bevor* man ein Explanans, eine Kausalerklärung sucht. Kognition und Emotion als die zwei großen Bereiche geistig-seelischer Leistungen des Kulturmenschen gehen methodisch jeder Theorie ihrer Erklärung aus den organismischen Verhältnissen des Trägers voraus.

Exemplarisch für ein Körper-Geist-Problem sei die Frage, wie der Geist in die Materie oder in die Maschine kommt, am Beispiel der Rechenmaschine erläutert. Der Kürze und Klarheit wegen betrachte ich dafür ein Fahrrad, und das auch noch ohne Gangschaltung: Die Anzahl der Drehungen des Hinterrades, die eine Umdrehung der Tretkurbel bewirkt, erlaubt eine Multiplikation mit einem konstanten Faktor. Angenommen, das Übersetzungsverhältnis sei 1:3; dann wird die Rechenaufgabe 5 x 3 = 15 durch 5 Umdrehungen der Kurbel und das Abzählen der 15 Drehungen des Hinterrades gelöst. Es versteht sich von selbst, dass das Bezugssystem für diese Bewegungen der Fahrradrahmen ist.

Solange man über die Geometrie der Zahnräder oder über das Fahrrad als Kraftmaschine spricht, die nach dem Hebelgesetz, einem klassischen Erhaltungssatz, Kraft in Bewegung umwandelt, sind keine Kategorienfehler zu finden. Sobald das Fahrrad aber *als Rechenmaschine beschrieben* wird, steht der geometrisch-kinematischen eine mathematische Beschreibung gegenüber, in der es allemal um *richtige* und nicht um falsche Rechenresultate geht. Der Kategoriensprung besteht hier darin, dass keine Macht der Welt aus der wahren Beschreibung der Mechanik die Wahrheit des Rechenresultats gewinnt, weder definitorisch noch logisch.

Dem Programm der Neurowissenschaften, mentale Leistungen des Menschen neurophysiologisch erklären zu wollen, entspricht in diesem Beispiel nun die Meinung, dies sei auf dem Weg einer Kausalerklärung möglich. Diese könne experimentell kontrolliert werden. Was sollte denn sonst die Ursache für die Geltung der Rechenresultate sein, wenn nicht die in der Maschine wirkenden Kausalgesetze – sagt der Naturalist. Und er missversteht sich damit selbst.

Leicht ist zu zeigen, warum diese Meinung falsch ist. Man nehme in der Maschine eine Störung an, zum Beispiel eine zu lockere Fahrradkette, die bei zu kräftigem

Antritt am Hinterrad überspringt. Dann werden die Rechenergebnisse falsch. Wären Rechenergebnisse eine Kausalwirkung der Mechanik, müsste im Umkehrschluss aus den falschen Rechenergebnissen eine Negation der mechanischen Gesetze folgen. Das aber lässt niemand gelten, auch nicht der Naturalist. Die gestörten Verhältnisse sind also ein eigener Fall für sich. Aber sie sind nicht von der Art, dass sie die kausalen Erklärungsschemata verlassen. Vielmehr werden Störungen an Rechenmaschinen gerade wieder kausal erklärt, um sie durch Reparatur überwinden zu können. Störungen sind vielmehr definiert als Verfehlen des Zwecks, den die Rechenmaschine verfolgt. Und die Mechanik ist das geeignete Mittel, diesen Zweck zu realisieren. Störungen als Zweckverfehlung sind aber keine natürlichen, sondern Kulturgegenstände, nämlich die Funktionen von Rechemaschinen, die als Handlungsziele für Erfinder, Erbauer und Benutzer der Rechenmaschinen methodisch vorab festgelegt werden müssen. Nur wer schon rechnen und richtige von falschen Ergebnissen unterscheiden kann, kann überhaupt den Einfall haben, diese Arbeit einer Maschine zu übertragen.

Nun ist das Hirn keine Maschine, sondern ein Organ in einem Lebewesen. Stillschweigend wird in den neurowissenschaftlichen Erklärungen von Hirnfunktionen des Denkens, Erkennens und Sprechens die Ungestörtheit unterstellt, nicht anders, als dies evolutionsbiologische Theorien für die Ausbildung menschlicher Erkenntnisfähigkeit tun. Das Argument, dass wir Menschen mit demselben Hirn irren, mit dem wir auch erkennen, findet sich bisher ebenso wenig berücksichtigt wie der Umstand, dass dieselben Kausalgesetze bei ungestörtem wie gestörtem Funktionieren von Geräten gelten, und zwar nicht nur für Rechenmaschinen, sondern auch für Messgeräte, Beobachtungs- und Experimentierinstrumente. Nur die Berücksichtigung von Zweck und Mittel auf Seiten des Forschers erlaubt, diese Verhältnisse begrifflich einzufangen.

Und damit ist auch schon die *Lösung des Kategorienproblems* angedeutet: An die Stelle der Kausalerklärung tritt die der zweckrationalen Verbindung des Konstruktionszwecks einer Maschine mit den Mitteln seiner Realisierung, seien es nun für das Rechnen mechanische, elektronische oder andere Erfindungen. Und da die Neurowissenschaften keinen anderen Zugriff auf Hirnfunktionen haben als durch technische Funktionsmodelle, gilt dies auch für Hirne.

Einen Kategorienfehler begeht, wer den Sprung von einer in die andere Sprachebene ignoriert. Wörter wie wahr oder richtig für Rechenergebnisse stehen zur Sprachebene der Rechenergebnisse selbst auf einer Metastufe. Hier wird nämlich nicht mehr über einzelne Zahlen, sondern über eine Behauptung gesprochen, in der Zahlen vorkommen. Andere Beispiele von Kategoriensprüngen, die zur Falle für die Neurowissenschaften werden, sind vertreten durch die Wortpaare nicht-sprachlich/sprachlich, beschreiben/zuschreiben, objekt-/metasprachlich und davon abgeleitet Körper/Geist, Leib/Seele, Tier/Mensch usw.

3.3 Zum Beispiel Sprache als Problem der Neurowissenschaften

Die Neurowissenschaften verweisen zu Recht darauf, welch hohe Ähnlichkeit ihre Objekte, also Nervensysteme bei höheren Tieren und bei Menschen haben. Deshalb ist prima facie eine neurowissenschaftliche Erklärung der zu hoher symbolischer und abstraktiver Leistung fähigen menschlichen Sprache als Sprachproduktion und Sprachverstehen eine große Herausforderung. Um sie näher erkenntnistheoretisch und sprachphilosophisch zu umreißen, beginne ich wieder mit einem einfachen Beispiel:

In mittelalterlichen Klöstern vor Erfindung des Buchdrucks gab es Kopisten-Mönche, eine Klasse von Schreibknechten, die zum Beispiel Bibeltexte in lateinischer oder griechischer Sprache kopierten. Sie malten einfach Buchstabe für Buchstabe ab, ohne des Lateinischen oder Griechischen mächtig zu sein. Würden wir, sagen wir in einem Historienfilm, einem solchen Mönch bei der Arbeit zusehen, würden wir wohl einfach sagen, dass er liest bzw. schreibt. Das wäre allerdings ein Irrtum, weil er doch im Prinzip nicht mehr kann als ein modernes Kopiergerät, bei dem wir sicher nicht sagen würden, es hat den kopierten Text gelesen und geschrieben. Es hat ihn nur deckungsgleich abgebildet.

Die entscheidende Qualität, die dem Kopisten gegenüber dem verständigen Leser eines Textes fehlt, ist die Kompetenz, bei Abbildfehlern entscheiden zu können, ob diese den Sinn des Geschriebenen ändern oder nicht. Nur wer, im Unterschied zum Kopistenmönch, so liest, wie er gesprochene Rede hört, nämlich verständig, hat diese Kompetenz.

Hier ist der Kategoriensprung sozusagen mit Händen zu greifen: Wo der Kopist nur zwei Buchstabenbilder vergleichen kann, kann der verständige Sprecher über das Sprechen selbst verständig sprechen. Er kann Auskunft über Wortbedeutungen, Unterscheidungsabsichten, Geltungskriterien und so weiter geben. Wir müssen also auch *für die neurowissenschaftliche Erforschung des Sprechens und Verstehens* mit zwei verschiedenen Paaren von Beschreibungen rechnen, nämlich einmal ohne und einmal mit Kategoriensprung. (Ein Paar besteht jeweils aus einer physiologischen und einer mentalen Beschreibung der Leistungen.) Dies ist exakt so, wie wir auch im Alltag und in den Wissenschaften den Informationsbegriff zweideutig führen, einmal als Information ohne Bedeutung und Geltung, wie sie etwa beim Speichern und Wiedergeben von Musik auf Tonträgern vorliegt, und einmal als Information mit Bedeutung und Geltung, wie sie im zwischenmenschlichen Handeln des sich gegenseitig Informierens vorkommt.

Dem naturwissenschaftlichen Programm der Neurowissenschaften entspricht eine Bearbeitung des Problems „Sprechen" bzw. „Sprachverstehen", das ich „holographische Blackbox-Methode" nennen möchte. Das, was über das Gehör in den menschlichen Kopf hinein und über seine Sprachwerkzeuge wieder aus ihm herauskommt, muss in der dazwischen liegenden Blackbox, dem Gehirn, bewältigt werden. Holographisch nenne ich dieses Verfahren analog zur Optik. Ein Grundgedanke zur Erfindung der Holographie war folgender: Wenn ich aus einem Zimmer durch ein Fenster ins Freie schaue und dabei vor dem Fenster auf und ab gehe, werde ich verschiedene Ausschnitte der Welt draußen sehen. Aber alles, was ich durch das Fenster sehen kann, muss dieses durchqueren. Alle Informationen, die von draußen nach drinnen gelangen können, müssen gleichsam in einer Scheibe enthalten sein, die ich aus dem Signalfluss von draußen nach drinnen in der Ebene des Fensters herausschneide. Analog ist es auch beim Hören. Alles, was in den Kopf hinein- und aus ihm herauskommt, muss durch das „Fenster" des Gehörs oder des Mundes. Das sollte nicht vorschnell auf die Leistungen von guten Mikrofonen und Lautsprechern beschränkt werden.

Solange wir das holographische Blackbox-Modell dafür verwenden, Maschinen zu konstruieren und einzusetzen, die menschliche Fähigkeiten leistungsgleich simulieren sollen, geht das Verfahren in Ordnung. Ob wir an Sprachsteuerung im Auto, an Computer-Diktiersysteme, automatisierte telefonische Fahrplanauskunft oder die Ansagen des Navigationsgeräts im Auto denken, Leistungen als Qualität des Input-Output-Verhältnisses sind technisch einerseits immer weiter verbesserbar, bleiben andererseits aber immer dem Urteil sprachverständiger Benutzer unterworfen. Er entscheidet letztlich allein, ob das künstliche System leistet, was es an einem natürlichen System ersetzen soll.

Das holographische Blackbox-System greift allerdings zu kurz, wenn wir uns als Forschungsobjekt eine Dialogsituation zwischen zwei solchen Systemen vorstellen. Dann wird die neurowissenschaftliche Erklärung des Sprechens an Kategorienproblemen scheitern. Um diese These zu begründen, möchte ich erst einmal erläutern, was Menschen mit Sprache tun.

Hier müsste ich nun eigentlich über die Schwächen und Fehler sprechen, die den letzten hundertfünfzig Jahren Sprachphilosophie vorzuwerfen sind. Dominant sind in ihnen nämlich die naturwissenschaftsnahen Auffassungen geworden, Sprache diene dazu, die Welt abzubilden. Das Folgeproblem lautet, wie Bedeutung und Geltung, also die Welt, in die Schallereignisse hineinkommt, die wir mit unserem Gehör aufnehmen und mit unseren Sprechwerkzeugen abgeben. Aber das ist eine abwegige Sichtweise:

Bedenkt man, was wir im Alltag, in den Wissenschaften und in der Philosophie mit Sprache tun, und wie wir dies von anderen Menschen gelernt haben, fällt ein völlig anderes Licht auf Sprache: Kommunizieren (als die sprachliche Form des Kooperierens) dient in allererster Linie nicht dem Beschreiben der Welt, der Natur oder auch des Gegenübers in einem Gespräch, sondern *zur Herstellung von Beziehungen zwischen Menschen.*

Wir haben den Unterschied zwischen dem, was an unserem Körper von Natur aus abläuft, was uns „widerfährt", wie Stoffwechsel, Wachsen, Krankwerden, Erschrecken, Stolpern, und auf der anderen Seite dem, was wir handelnd in eigener Urheberschaft tun, nicht durch Beschreibungen gelernt, sondern durch Zuschreibung. Das Behaupten, sofern es sinnvoll ist und wahr oder falsch sein kann, spielt in unserer Kommunikation nur eine sehr nachgeordnete Rolle. Wichtiger sind schon die Aufforderungen, die immer ein Verhältnis zwischen dem Aufgeforderten und einem Anderen, dem Auffordernden, herstellen sowie Fragen, die eine besondere Form von Aufforderungen bilden. Äußerungen des eigenen Befindens sind ein anderer wichtiger Bereich des Zusammenlebens, der nicht von wahr und falsch, sondern nur von wahrhaftig und gelogen beherrscht wird. Am gravierendsten aber sind die Verhältnisse, die wir sprachlich und nur sprachlich *herstellen*.

In der Sprachphilosophie des letzten Jahrhunderts war dies vor allem das Versprechen, das ein Mensch einem anderen geben kann, welches das alte statement-view-Modell in der naturwissenschaftsnahen Tradition der Sprachphilosophie in Frage gestellt hat. Aber auch loben und tadeln, gratulieren und kondolieren, ehren und beleidigen, kränken und komplimentieren, Liebeserklärungen und Füche gehören zum weiten Bereich des Zuschreibens (synonym: Zurechnens oder Zusprechens). Wir alle haben Handeln und als Teilgebiet das Sprechhandeln dadurch gelernt, dass es uns zugeschrieben wurde, dass wir mit Lob und Tadel dafür verantwortlich gemacht wurden, dass wir also die Betroffenen solcher Zuschreibungen geworden sind. Betroffenheit ist aber keine naturwissenschaftliche Kategorie.

Um die Pointe dieser These mit erträglichem Aufwand erläutern zu können, gestatten Sie mir ein weiteres einfaches Beispiel. Es soll das Wortpaar Bescheiben / Zuschreiben erläutern. Denken Sie an einen Strafprozess zu einem Tötungsdelikt. Auf das Kernargument simplifiziert, möge ein Belastungszeuge den entscheidenden Satz sprechen: „Ich habe mit eigenen Augen gesehen: (und nun kommt der Satz:) Der Angeklagte hat die Person P erschlagen." Dies möge die zutreffende Beschreibung des Augenzeugen sein. Wenn nun der Richter kraft Amtes in seiner Urteilsverkündigung genau denselben Satz wiederholt, ist dies keine Beschreibung, die in den Bereich der (juristisch ausgedrückt) Tatsachenfeststellung fällt, sondern der Satz *bildet das Urteil*. Das Urteil beschreibt nichts, sondern es schreibt dem Angeklagten die Tat zu, wofür dann das richtige Strafmaß zu finden ist.

Das Beispiel soll zeigen: Ob ein gesprochener Satz eine Beschreibung oder eine Zuschreibung ist, hängt von den Rollen der Sprecher und Hörer sowie von der Situation ab. Weder das Gehör noch unser Sprechapparat werden dazu einen Unterschied bemerken oder machen. Wie sollte dann das Hirn als zwischengeschaltetes Organ dafür zuständig sein?

Hier greift mein obiger Vorschlag zur Lösung eines Kategorienfehlers beim rechnenden Fahrrad ersichtlich nicht mehr. War dort die Mechanik noch das probate Mittel zur Realisierung der Zwecke des richtigen Rechnens, so lässt sich das Betroffensein eines Menschen durch eine Zuschreibung nicht mehr technisch leistungsgleich ersetzen und damit auch nicht als Modell von neuronalen Leistungen modellieren.

Zwar riskiere ich hier keine Prognose, wie menschenähnlich androide Roboter oder Substitutionssysteme zukünftig noch werden können, um die Verbindlichkeit einer Rechtsauskunft, die Wahrhaftigkeit einer Liebeserklärung oder die Verpflichtung eines Versprechens zu simulieren. Aber niemals wird, und dies ist keine riskante Aussage, der methodische Primat des zu Simulierenden beziehungsweise des durch Hirnforschung zu Erklärenden vor der Erklärung aufgelöst werden können. Sprache ist, wie alle kognitiven und wie übrigens alle emotiven Leistungen des Menschen, was immer die Hirnforschung an Korrelaten dazu herausfinden mag, nie das Objekt der Forschung, ohne zugleich auch das Subjekt und das Mittel der Forschung zu bilden.

Ich fasse zusammen: Niemand kann seriös prognostizieren, was die Neurowissenschaften an physiologischem Wissen noch entdecken und entwickeln werden. Aber immer werden die Neurowissenschaften eine Erkenntnisbemühung von Menschen über Menschen für Menschen bleiben – „für Menschen" nicht im Sinne von „nützlich für Menschen", sondern im Sinne von „verständlich" oder „prüfbar für Menschen".

Manche Neurowissenschaftler und manche Philosophen mögen diese Unhintergehbarkeit des Menschen als Autor und Adressat der Wissenschaft verdrängen oder vergessen. Aber sie werden eines Besseren belehrt genau in dem Moment, in dem sie für ihre Ergebnisse *Anerkennung durch andere Menschen erwarten.* Anerkennung kann nur durch Zuschreiben gewährt werden. Der Primat des unverzichtbaren Zuschreibens kann deshalb gegenüber dem methodisch späteren Beschreiben nicht aufgehoben werden. Unser alltägliches Menschenbild bleibt, und wenn wir bei Androhung der Todesstrafe gezwungen würden, nur noch neurophysiologisch über uns selbst zu sprechen, im Kern unverändert.

Deshalb gestatten Sie mir zum Abschluss einen kurzen Blick auf die Neurowissenschaften als Medizin, in dem die Veränderung des Menschenbildes durch die Veränderung des Menschen selbst nicht ausgeschlossen ist.

4   *Neurowissenschaft als Medizinforschung*

Neurowissenschaften diesseits philosophischer und psychologischer Probleme ist selbstverständlich eine Grundlagendisziplin der Medizin. Hier habe ich, schon aus Zeitgründen, eine Auswahl zu treffen, der leider die Bereiche der Prothetik und der Implantate zum Opfer fallen, vom Hirnschrittmacher zur Unterdrückung des Tremors von Parkinson-Patienten bis zum Netzhaut-Chip. Und ich muss die psychiatrischen Krankheiten außer Acht lassen. Im Blick auf mein Thema Menschenbild beschränke ich mich auf je ein Beispiel der Life-style-Medizin durch Neuroenhancement und der kurativen Medizin am Beispiel der Alzheimer-Krankheit.

4.1 Neuroenhancement, „Hirndoping"

Längst ist Hirndoping Praxis geworden, auch wenn man nicht an die vorpharmazeutischen Beispiele wie den erhöhten Kaffeekonsum bei Tagungen, das Glas Rotwein am Abend oder den Rauch über dem Schreibtisch denkt. 25 % aller amerikanischen Studenten nehmen, so habe ich gelesen, regelmäßig Medikamente zur Steigerung von Aufmerksamkeit und Merkfähigkeit ein.

Zu den ethischen, soziologischen und anthropologischen Fragen eines freien Zugangs zu Pharmaka, die nach Belieben zu bestimmten Veränderungen, Verbesserungen oder Instrumentalisierungen des eigenen Ichs führen, gibt es ebenso ausführliche Diskussionen in der Literatur, wie es Warnungen von neurologischen Experten gibt, die Spezifität dieser Medikamente zu überschätzen und Nebenwirkungen zu unterschätzen, von denen Gewöhnungs- und Suchtgefahren nur ein Aspekt sind.

Im Blick auf das Menschenbild kann keine Rede davon sein, dass Hirndoping, das manche Züge mit dem Doping im Hochleistungssport gemeinsam hat, allererst ein Menschenbild *stiften* würde. Es kann also nur um die Frage gehen, welche Veränderungen durch neue Möglichkeiten des Neuroenhancements zu erwarten sind. Ich vermute, keine.

Es ist nämlich eine Selbstverständlichkeit, dass der Kulturmensch seine Lebensbedingungen in allen Bereichen des Privaten und Öffentlichen so weit technisch gestaltet, wie es ihm nur möglich ist. Wir werden durch die neuen Medikamente von einem Naturzustand im Gebrauch unseres Zentralnervensystems nicht zu einer schönen, neuen, artifiziellen Lebensform gebracht. Es geht vielmehr um marginale Veränderungen.

Herausforderungen und Probleme sehe ich nur beim vernünftigen Umgang mit den neuen pharmazeutischen Möglichkeiten: Es hat durchaus etwas mit dem Menschenbild von ehrgeizigen Eltern zu tun, wenn diese ihren Kindern leistungssteigernde Medikamente für einen besseren Schulerfolg verabreichen. Und es betrifft auch das Menschenbild der Akteure in der Wirtschaft, wenn Manager, die mit der Lebensform einer 24-Stunden-Erreichbarkeit ohnehin schon die Frage nach ihrer Zurechnungsfähigkeit provozieren, nun auch noch medikamentös ihre Aufmerksamkeit, Konzentration, Merkfähigkeit, Kreativität usw. steigern wollen. Auch wenn es etwas respektlos klingt, mir erscheinen solche Praktiken zur Art der schönheitschirurgischen Selbstverbesserungen zu gehören, mit denen Frauen aus dem Showbusiness ihre Attraktivität zu steigern vermeinen. Hier gewinnt das Wort „Menschenbild" seine normative Bedeutung und wird zur Überschrift für eine Diskussion zivilisatorischer Entgleisungen. Deshalb wende ich mich jetzt der kurativen Medizin zu.

4.2   Große Probleme, große Versprechungen

Liest man die Begründungen nach, mit denen 1990 der damalige amerikanische Präsident George W. Bush das Jahrzehnt der Hirnforschung („decade of the brain") ausrief, findet man ein Hauptmotiv bei den Erkrankungen des Hirns. Durch gestiegene Lebenserwartung, bessere Versorgung von Unfallopfern, neue Beobachtungsverfahren am lebenden Hirn und so weiter waren die Folgen von Infarkten, Tumoren, Unfallschäden, Altersdemenz und einer Reihe von Erkrankungen ins öffentliche Bewusstsein getreten. Der Parkinson des Boxweltmeisters Muhammed Ali und der Alzheimer des amerikanischen Präsidenten Ronald Reagan vor den Fernsehkameras taten das Ihre.

Wenn heute jeder Laie eine kleine Vergesslichkeit mit dem Kommentar „Alzheimer lässt grüßen" begleitet, so kann man darin einen sarkastischen Umgang mit der eigenen Angst sehen. Alzheimer ist unheilbar, durch keine verlässliche Prophylaxe zu vermeiden, therapeutisch bestenfalls etwas zu verlangsamen und immer eine große, persönliche Katastrophe. Wer einmal im familiären oder privaten Umfeld eine Alzheimer-Karriere bis zum Ende miterlebt hat, kann darauf nur mit dem Stoßseufzer reagieren: „Hoffentlich trifft es nicht mich!"

Das Beängstigende an dieser Krankheit ist der fortschreitende Verlust der persönlichen Autonomie, der Persönlichkeit, ja, der persönlichen Würde. Alzheimer ist keine Regression durch Abbau von Fähigkeiten, so, als würde man den Film des lebenslangen Lernens nun rückwärts laufen lassen. Die Krankheit bedeutet vielmehr einen völligen Zusammenbruch – und in unserem Kontext einen guten Grund, der Erforschung des Hirns höchste Priorität in Naturwissenschaft und Medizin einzuräumen.

Kürzlich hat unter der Überschrift „Nichts kommt mehr" ein Artikel in der Süddeutschen Zeitung das Missverhältnis zwischen einem explodierenden Aufwand und einem implodierenden Ertrag naturwissenschaftlicher Forschung beklagt[40]. Dabei wurden die nicht eingelösten Großversprechen aufgezählt, vom Besiegen des Krebses bis zur Ordnung des physikalischen Teilchenzoos, von der Energiegewinnung durch Kernfusion bis zur Beherrschung der Alzheimer-Krankheit. Ich möchte hier nicht auf die Diskussion der Gründe dieser Entwicklung eingehen, zu denen ich sehr wohl eine Meinung zu vertreten habe – die Süddeutsche hat meinen Leserbrief dazu freundlicherweise veröffentlicht –, sondern ich möchte mich auf die Folgen für unser Menschenbild beschränken, wenn die Wissenschaften solche Hoffnungen erwecken und nicht erfüllen können.

---

[40] Burkhard Müller, Süddeutsche Zeitung vom 12.08.2010.

Unsere Kulturgeschichte ist auch eine Geschichte der Naturbeherrschung, ihrer lästigen, gefährlichen und tödlichen Macht für den Menschen. Dass diese Kulturgeschichte eine stupende Erfolgsgeschichte ist, lässt sich auch dann nicht bestreiten, wenn die Naturgewalten vom Erdbeben bis zum individuellen Tod nicht beherrschbar sind. In dieser erfolgreichen Kulturgeschichte bleibt es, als Teil unseres Menschenbildes, eine immerwährende Aufgabe, Herausforderungen anzunehmen, wie sie zum Beispiel in Seuchen, Krankheiten, Zivilisationsschäden und anderem auftauchen. Sie ahnen bereits, in welche Richtung nun mein Blickwinkel umschwenkt, sozusagen von den Luxusproblemen einer Neurowissenschaft als Philosophieersatz über die Aufgaben einer medizinischen Grundlagenforschung zu einer humanistischen Perspektive.

Wer nicht sein Selbstverständnis in einer frivolen Anspruchshaltung findet, die Neurowissenschaften sollten sich gefälligst erfolgreich um Vermeidung oder Heilung von Demenz kümmern, wer mit anderen Worten die Konsumentenrolle gegenüber wissenschaftlichen Forschungsergebnissen vertauscht mit der Akteursrolle des Forschers, wird hier die Begrenzung der eigenen Handlungsmöglichkeiten und die Bescheidenheit im Umgang damit finden.

Dabei geht es nicht nur um eine Haltung, die der Naturforscher einnehmen kann und sollte. Es geht auch um ein Verständnis der Naturwissenschaften selbst. Der erwähnte Artikel „Nichts geht mehr" argumentiert nämlich mit einem Zitat des Physikers Richard Feynman, wonach es wohl einfach nichts mehr zu entdecken gäbe, wenn man, wie weiland Columbus in Amerika, in der schönen neuen Welt der Entdeckungen durch Physik, Chemie und Biologie bereits angekommen sei.

Ich halte dieses Argument für falsch und das dahinter stehende Bild vom Verhältnis zwischen Natur und Mensch für abwegig. Selbst wenn man die Naturwissenschaften und damit die Neurowissenschaften vergleicht mit der

Entdeckungsgeschichte der Erdkugel, ist sozusagen die „google-earth-Perspektive" auf die Erde nur naiv. Was es alles auf der Erde zu entdecken gibt, findet sich nicht im Zoom der Satellitenkamera. Vielmehr begegnet sich der Entdecker im Entdeckten immer wieder selbst. Es hängt vom Suchen und vom Erfinden und Herstellen des Neuen ab, was es zu entdecken gibt.

Als Fazit möchte ich deshalb festhalten, dass die Neurowissenschaften kein Menschenbild implizieren und a fortiori nicht propagieren sollten, das den Menschen auf etwas reduziert, als der er selbst kein verantwortungsvoller Neurowissenschaftler mehr sein könnte. Das bedeutet einen Perspektivenschwenk von den Hirnen als Forschungsobjekten zu den Forschern selbst als den handelnden Subjekten. Nicht die Natur der Hirne, sondern die Kultur der Forschung ist das zu Verantwortende. Auch das Menschenbild der Neurowissenschaften wird vor allem das Echo des Rufes sein, mit dem die Forscher in den Wald der Probleme hineinrufen.

Wunder: Unaufgeklärte Restbestände eines modernen Wirklichkeitsverständnisses?

Ulrich Kropač

(Katholische Theologie, Eichstätt)

1 „Sie aber sahen ihn auf dem See einhergehen ..." (Mk 6,49) – ein provokanter Auftakt

Ich beginne meine Überlegungen mit einer Wundererzählung, die aufgeklärte Zeitgenossen des 21. Jahrhunderts als veritablen Affront empfinden mögen. Es handelt sich um die biblische Stelle Mk 6,45-52, häufig überschrieben mit „Der Gang Jesu auf dem Wasser":[41]

Und sogleich nötigte er seine Jünger, in das Schiff zu steigen und an das jenseitige Ufer nach Betsaida vorauszufahren, während er selbst die Volksmenge entlässt. Und nachdem er sie verabschiedet hatte, ging er auf den Berg, um zu beten. Und als es Abend geworden, war das Schiff mitten auf dem See und er allein auf dem Land. Und als er sie beim Rudern Not leiden sah, denn der Wind war ihnen entgegen, kommt er um die vierte Nachtwache zu ihnen, indem er auf dem See einherging; und er wollte an ihnen vorübergehen. Sie aber sahen ihn auf dem See einhergehen und meinten, es sei ein Gespenst und schrien auf; denn alle sahen ihn und wurden bestürzt. Er aber redet sogleich mit ihnen und spricht zu ihnen: Seid guten Mutes! Ich bin's. Fürchtet euch nicht! Und er stieg zu ihnen in das Schiff, und der Wind legte sich. Und sie entsetzten sich sehr über die Maßen; denn sie waren durch die Brote nicht verständig geworden, sondern ihr Herz war verhärtet.

Keine Frage, die Vorstellung eines über den See Gennesaret wandelnden Jesus ist mindestens ein Ärgernis, wenn nicht eine Provokation für modernes Denken. Die einfachste Möglichkeit, beidem zu entgehen, ist, die gesamte Geschichte in den

---

[41] Der biblische Text wird nach der Rev. Elberfelder Bibel zitiert; die im Weiteren angeführten biblischen Texte sind der Einheitsübersetzung entnommen.

Bereich frommer Fabeln zu verweisen. Wer diesen Weg geht, mag sich dabei sogar von der Theologie unterstützt fühlen. Immerhin schrieb der große evangelische Exeget Rudolf Bultmann bereits 1941 folgenden Satz nieder, der zu einem vielzitierten Diktum geworden ist:

„Man kann nicht elektrisches Licht und Radioapparat benutzen, in Krankheitsfällen moderne medizinische und klinische Mittel in Anspruch nehmen und gleichzeitig an die Geister- und Wunderwelt des Neuen Testaments glauben."[42]

Damit steht die Problemstellung meines Beitrags klar vor Augen: Wie glaubwürdig sind biblische Wundererzählungen? Und schärfer noch: Kann es überhaupt Wunder angesichts eines Weltbilds geben, das zutiefst von den Naturwissenschaften geprägt ist? Ich entfalte die Thematik in fünf Schritten und einem Schlussgedanken.

2   Annäherungen an den Wunderbegriff

Was sind Wunder? Auf diese Frage gibt es zunächst keine eindeutige Antwort. Der Begriff „Wunder" wird in vielfältigen sprachlichen Zusammenhängen gebraucht, wenn z. B. von den *Sieben Weltwundern* oder vom *Wunder der Natur* die Rede ist. Andererseits reservieren manche religiöse Menschen den Begriff Wunder für ein souveränes Ausnahmehandeln Gottes, durch das dieser in Naturabläufe und Biografien eingreift, so dass für jedermann das göttliche Wirken manifest wird.[43]

Gibt es Wunder? Eine Antwort auf diese Frage hängt wiederum davon ab, was unter einem Wunder verstanden wird. Wird der Begriff in Kontexten verwendet wie *Wunder der Geburt* etc., dann gibt es natürlich Wunder. Doch neben diesem harmlosen Wortgebrauch steht ein anderer, bei dem Wunder ein göttliches Eingreifen meint. Dann scheiden sich die Geister:[44]

---

[42] Bultmann, Testament 16.
[43] Vgl. Vorgrimler, Wunder 685.
[44] Vgl. ebd.

- Auf der einen Seite wird die Frage nach der Möglichkeit von Wundern bejaht. In vielen Wallfahrtskirchen finden sind Votivbilder aus vergangenen Zeiten, aber auch aus der Gegenwart. Sie dokumentieren, dass Menschen bestimmte Ereignisse in ihrem Leben wie die Heilung von schweren Krankheiten, das Überleben eines Unfalls und anderes mehr nicht dem Zufall zuschreiben, sondern eine göttliche Macht dahinter verspüren. Dieser Wunderglaube spielt gelegentlich in Leichtgläubigkeit hinüber, vor allem in der Esoterik, wo manchmal bar jeder Reflexion von Wundern gesprochen wird.

- Auf der anderen Seite gibt es deutliche Vorbehalte gegenüber der Vorstellung von Wundern bis hin zur Ablehnung. Diese speisen sich vor allem aus dem naturwissenschaftlich geprägten Denken. Was manchen Menschen als Wunder erscheint, wird als ein Vorgang betrachtet, der zwar möglicherweise gegenwärtig nicht erklärbar ist, aber mit Sicherheit in der Zukunft erklärbar sein wird. Bestimmte wunderbar erscheinende Ereignisse werden auf Hypnose oder Autosuggestion zurückgeführt. Was Wunderberichte angeht, so werden diese als literarische Fiktionen zurückgewiesen.

3 Wunder und Wunderkritik im Wandel der Geschichte

Die Frage, ob es Wunder gibt, ist, wie eben dargestellt wurde, eng mit der Frage verklammert, was unter einem Wunder verstanden wird. Ein Blick in die (Theologie-)Geschichte ist hier aufschlussreich. Er zeigt, dass die heute gleichermaßen verbreitete wie kritisierte Auffassung, ein Wunder sei ein souveränes Ausnahmehandeln Gottes, das die Naturgesetze durchbreche, nur *eine* Position in einem viel reicheren (theologie-)geschichtlichen Erbe ist. Auf dieses werfe ich einige Schlaglichter.

3.1 Wunder als Zeichen: der Wunderbegriff bei Augustinus

Aurelius Augustinus (354-430) lebte in einer Zeit, in der sich das Christentum bereits über das ganze römische Reich ausgebreitet hatte und zur Staatsreligion geworden war. Der Kirchenlehrer gilt als eine große Vermittlungsfigur zwischen platonisch-griechischem und christlichem Denken. Daraus ergibt sich auch seine Konzeption des Wunders als eines Zeichens für Gottes Wirken.[45]

Augustinus zufolge ist im Grunde alles Geschehen in der Natur und im menschlichen Leben Wunder, weil es die Größe und Güte Gottes offenbar macht. Allerdings gehe den Menschen durch den alltäglichen Umgang mit der Schöpfung der Blick für Gottes Wirken in der Welt verloren. Genau deshalb seien Wunder vonnöten: Sie machten die Menschen auf die wundervollen und erstaunlichen Werke Gottes aufmerksam. Ob aus wenigen Samenkörnern die reiche Saat auf dem Feld erwächst oder ob Jesus mit fünf Broten fünftausend Menschen sättigte, bedeutet nach Augustinus lediglich einen *graduellen* Unterschied. Das Brotwunder wurde den Menschen gezeigt, „nicht weil es ein größeres, sondern weil es ein selteneres Wunder ist"[46]. Die Notwendigkeit von Wundern ist also Augustinus zufolge als sekundär anzusehen:

„Es ist so, wie wenn der Name des Herrn einmal mit Gold, ein andermal mit Tinte geschrieben würde. Jenes ist kostbarer, dieses billiger. Was beide aber zum Ausdruck bringen, ist ein und dasselbe."[47]

Wunder, so ist zu resümieren, haben bei Augustinus Zeichenfunktion. Sie rütteln die Menschen aus ihrer dumpfen Gewohnheit wach und machen sie aufgrund ihres exzeptionellen sinnlichen Charakters auf die Präsenz Gottes in der Schöpfung aufmerksam.

3.2 Wunder als Wirken Gottes außerhalb der Naturordnung: Thomas von Aquin

Im Übergang von der Antike zum Hochmittelalter verschob sich das theologische Interesse von der Zeichenfunktion des Wunders hin zu der eher wissenschafts-

---

[45] Zum Folgenden vgl. Verweyen, Wort 341-344.
[46] Augustinus, Tract. Io. Ev. 24,1, zitiert nach Baumann, Wunder 477.
[47] Augustinus, De trinitate, Lib. III, IX, 20 (CChrSL L, 148), zitiert nach Verweyen, Wort 343.

theoretischen Frage, wie sich das göttliche Wirken beim Wunder vollzieht. Entscheidende Figur dieser Wende ist Thomas von Aquin (1225-1274).[48]

Bei Thomas ist das Wunder ein Geschehen, das ausschließlich dem Wirken Gottes zugeschrieben wird, sich von der Naturordnung unterscheidet und an dieser *vorbei* geschieht: „praeter ordinem totius naturae creatae"[49]. Zu beachten ist, dass Thomas von einem Handeln Gottes „praeter", nicht aber „contra naturam" spricht. Der Gedanke, dass Wunder ein Durchbrechen der Naturgesetze bedeuten, wird erst später virulent werden.

Mit Thomas erhält die gedankliche Durchdringung des Wunderbegriffs einen neuen Akzent: Es wird der theoretisch-beobachtenden Vernunft zugetraut, der Naturgesetzlichkeit auf den Grund zu gehen und innerhalb eines Wundergeschehens das außerordentliche Wirken Gottes von den natürlichen Kräften abzuheben. In diesem Gedanken liegt übrigens der Keim für eine Konfrontation zwischen Theologie und Naturwissenschaften in späterer Zeit, insofern die Beurteilung von Wundern in das Feld der theoretischen Vernunft und der Naturerkenntnis hineingetragen wird.

Kurz zusammengefasst: Bei Thomas wird ein Wunder als ein Ereignis bestimmt, das sich außerhalb der gesamten Naturordnung vollzieht und allein durch Gott bewirkt werden kann.[50]

3.3 Wunderskepsis in der Neuzeit

Die Neuzeit hebt sich in vielfacher Weise vom Mittelalter ab. Erinnert sei an das Aufkommen der modernen Naturwissenschaften und an erste Konflikte mit der kirchlichen Autorität, die sich an vermeintlichen Gegensätzen zwischen dem „Buch der Bücher", der Heiligen Schrift, und dem „Buch der Natur", das nach Galilei in mathematischen Lettern geschrieben ist, entzündeten. Zugleich treten Vernunft und Offenbarung, im Mittelalter von Thomas von Aquin in einer großartigen Synthese

---

[48] Zum Folgenden vgl. Verweyen, Wort 344-347.
[49] S.th. I, 110, 4c, zitiert nach Wiedenhofer, Wunder 1317.
[50] Vgl. Baumann, Wunder 478.

zusammengehalten, mehr und mehr auseinander. Diese Entwicklung beeinflusste auch die historisch-kritische Erforschung der Bibel: Philologische Analysen und eine rationalistische Bibelkritik führten dazu, dass in der Aufklärung die historische Glaubwürdigkeit zahlreicher Schriftstellen in Zweifel gezogen wurde. Schließlich vollzog sich, vom Humanismus, der Reformation und der Aufklärung angebahnt, eine radikale Wende zum Subjekt: Der autonome Mensch nimmt sein Schicksal selbst in die Hand, er ist auf supranaturale Eingriffe „von oben" nicht mehr angewiesen.

Im Zuge dieser Entwicklungen musste der überkommene Wunderbegriff in eine Krise geraten. Zwei kritische Momente seien genannt.

(1)   Wunderskepsis aus erkenntnistheoretischer Perspektive: Unerkennbarkeit von Wundern

Dem schottischen Philosophen David Hume (1711-1776) zufolge kommen Naturgesetze dadurch zustande, dass Menschen aufgrund einer Vielzahl gleichartiger Beobachtungen den Schluss ziehen, es liege ein konsistenter Naturzusammenhang vor.[51] Ob die Natur *tatsächlich* nach ehernen Gesetzen aufgebaut sei, das freilich könne der Mensch nicht erkennen. Von daher sei er nicht in der Lage, über die Möglichkeit oder Unmöglichkeit von Wundern zu befinden.

Wie sollte, so fragt Hume weiter, überhaupt ein Wunder erkannt werden? Gegen die Existenz eines Wunders spricht die Erfahrung, dass sich bestimmte Abläufe naturgesetzlich vollziehen. Wenn also jemand *beweisen* wollte, dass ein Wunder stattgefunden hat, müsste er sich auf eine entsprechende Zahl von Gegenerfahrungen zu den üblichen Erfahrungen berufen können. Dies würde aber nicht wirklich zu einem Beweis für ein Wunder führen, sondern zu einer Aufgabe bzw. Modifikation des bisher angenommenen Naturgesetzes.

---

[51] Zum Folgenden vgl. Verweyen, Wort 348-350.

(2) **Wunderskepsis aus historisch-literarischer Perspektive: das Problem der Glaubwürdigkeit historischer Zeugnisse**

Die neuzeitliche Wunderskepsis machte sich noch an einem weiteren Problem fest, der Frage nämlich, welche Glaubwürdigkeit das Zeugnis anderer, also vor allem die biblische Wundertradition, beanspruchen kann. Gotthold Ephraim Lessing (1729-1781) formuliert dies folgendermaßen:

„Ein andres sind Wunder, die ich mit meinen Augen sehe, und selbst zu prüfen Gelegenheit habe: ein andres sind Wunder, von denen ich nur historisch weiß, dass sie andre wollen gesehn und geprüft haben."[52]

Der schon genannte David Hume spricht Wunderberichten jede Glaubwürdigkeit ab. Sein Argument lautet wie folgt:

„Berichtet mir jemand, er habe einen Toten wieder aufleben sehen, so überdenke ich gleich bei mir, ob es wahrscheinlicher ist, dass der Erzähler trügt oder betrogen ist oder dass das mitgeteilte Ereignis sich wirklich zugetragen hat. Ich wäge das eine Wunder gegen das andere ab, und je nach der Überlegenheit, die ich entdecke, fälle ich meine Entscheidung und verwerfe stets das größere Wunder."[53]

Nach Hume kann ein Wunderbericht nur dann als zuverlässig gelten, wenn die zunächst einmal vorauszusetzende Falschheit dieses Zeugnisses unerklärlicher ist als das berichtete Ereignis selbst. „Das darf aber ausgeschlossen werden, weil Geschichte niemals der Ort absoluter Gewissheit sein kann."[54]

Wie Hume fragte auch Lessing nach dem Legitimationswert historischer Zeugnisse. Er kommt zu folgender Einsicht:

„Zufällige Geschichtswahrheiten können der Beweis von nothwendigen Vernunftswahrheiten nie werden."[55]

---

[52] Lessing, Gotthold E.: Werke und Briefe, Bd. 8, 439, zitiert nach Verweyen, Wort 350.
[53] Hume, David: Untersuchung über den menschlichen Verstand, dt. Hamburg 1964, 135f, zitiert nach Werbick, Glauben 253.
[54] Werbick, Glauben 254.
[55] Lessing, Gotthold E.: Werke und Briefe, Bd. 8, 441, zitiert nach Verweyen, Wort 351.

Auf die Wunderfrage gemünzt bedeutet dies, dass die überlieferten biblischen Wundererzählungen niemals eine hinreichende Beweisgrundlage für eine rational begründete religiöse Glaubensentscheidung bilden können.

3.4 Das Wunderverständnis der katholischen Apologetik

Die von den klassischen Naturwissenschaften propagierte Vorstellung eines universellen mechanistisch-deterministischen Ursache-Wirkungszusammenhangs, der keine Lücken kennt, drängte den christlichen Wunderglauben mehr und mehr in die Defensive. Die Reaktion auf katholischer Seite fiel dezidiert apologetisch aus: Das I. Vatikanische Konzil (1869/1870) dogmatisierte die Aussage, dass Weissagungen und Wunder sichere Erkennungszeichen der göttlichen Offenbarung sind.[56] Als Denkmodell wurde das Wunderverständnis von Thomas von Aquin herangezogen und verschärft: Wunder setzen die Naturgesetze außer Kraft oder durchbrechen sie. Kurz: Gott vermag „contra naturam" zu handeln.

Dieses Konzept von Wunder vergrößerte die im 19. Jahrhundert gewachsene Distanz zwischen Kirche und modernen Naturwissenschaften. Es wirkt übrigens im naturwissenschaftlichen Bereich noch immer nach, selbst wenn sich auf Seiten der Theologie längst ein anderes Verständnis von Wunder entwickelt hat, wie im Folgenden auszuführen sein wird.

4 Biblische Wundererzählungen im Horizont literatur-theoretischer Überlegungen

Die Bibel enthält eine Reihe von Wundergeschichten. In auffallender Häufigkeit treten sie in den vier Evangelien auf. Auf diese jesuanischen Wundererzählungen richte ich im Folgenden den Lichtkegel der modernen Literatur- und Bibelwissenschaft[57].

---

[56] Vgl. DH [= Denzinger, Kompendium] 3009; 3033.
[57] Vgl. hierzu beispielsweise Theißen/Merz, historischer Jesus 256-283; Theißen, Wunder Jesu 30-52.

4.1 Zwei grundlegende literaturtheoretische Einsichten

(1) Biblische Wundererzählungen: weniger Berichte als vielmehr literarische Texte

Über lange Zeit wurden biblische Wundererzählungen in erster Linie als *Berichte* verstanden. Ihr Gegenstand seien bestimmte historische Sachverhalte, die mehr oder minder genau protokolliert worden seien. Heutige Literaturwissenschaft und Exegese betonen jedoch, dass biblische Wundergeschichten primär als *literarische Texte* zu beurteilen sind. Als solche bilden sie nicht einfach ein geschichtliches Faktum in der Sprache ab, sondern sie zielen darauf, die Leserinnen und Leser selbst in das erzählte Geschehen hineinzuziehen und zu einer Stellungnahme aufzufordern. Der Versuch, Wundererzählungen auf ihr historisches Substrat abzuklopfen, wird diesen folglich nur bedingt gerecht. Er unterbietet entscheidend den existentiellen Anspruch, den diese Texte stellen.

(2) Rekonstruierte Vergangenheit

Die Auffassung, biblische Wundererzählungen gäben mehr oder minder unvermittelt bestimmte Ereignisse im Leben des historischen Jesus wieder, ist noch aus einem zweiten Grund als unzureichend zurückzuweisen. Nach gängiger Vorstellung sind Erinnerungen psychische Zustände, die im Unbewussten schlummern, bis sie zurückgerufen werden – vergleichbar einem Lagerstück in der Tiefkühltruhe, das bei Bedarf hervorgeholt und aufgetaut wird.[58] Jan Assmann und andere haben jedoch darauf aufmerksam gemacht, dass Erinnerungen durch den Erinnerungsrahmen, den eine bestimmte Gegenwart setzt, rekonstruiert werden. Ich zitiere Assmann:

---

[58] Vgl. hierzu Meurer, Religionspädagogik 68.

„Das Gedächtnis verfährt [...] rekonstruktiv. Die Vergangenheit vermag sich in ihm nicht als solche zu bewahren. Sie wird fortwährend von den sich wandelnden Bezugsrahmen der fortschreitenden Gegenwart her reorganisiert."[59]

Um auf die Wundererzählungen in den Evangelien zurückzukommen: Was hier jeweils erzählt wird, sind „keine reinen Fakten der Erinnerung"[60], sondern Rekonstruktionen, die unter den Bedingungen einer späteren Gegenwart, nämlich der Urkirche, geschaffen wurden. Dieser Erinnerungsrahmen ist nicht nur ein individuelles, sondern auch ein soziales Phänomen.

4.2 Prägende Elemente urchristlicher Wundererzählungen

Der urkirchliche Erinnerungsrahmen bzw. die literarische Ausformung von Wundererzählungen wurden in ganz unterschiedlicher Weise geprägt. Im Folgenden mache ich fünf Faktoren namhaft.

(1) Partizipation am antiken Welt- und Wirklichkeitsverständnis

Das antike Weltbild kennt keine scharfe Trennung zwischen der Welt der Götter und der Welt des Menschen.[61] Mit einem Eingreifen guter oder böser Mächte in das irdische Geschehen musste ständig gerechnet werden, wiewohl der einzelne Eingriff als unberechenbar galt. Wenn die Menschen der Antike die göttliche Wirkmacht in einem Ereignis deutlicher spürten als sonst, sprachen sie von einem Wunder. Die Vorstellung, dass Wunder die Naturgesetze durchbrechen, ist antikem und biblischem Denken völlig fremd. Eine Beurteilung von Wundererzählungen nach naturwissenschaftlichen Gesichtspunkten legt an diese einen Maßstab an, der ihnen nicht angemessen ist.

---

[59] Assmann, Gedächtnis 41f.
[60] So der Philosoph Hans Blumenberg. Zitiert nach Assmann, Gedächtnis 40.
[61] Vgl. Weiser, Bibel 13-17.

(2)   Orientierung an Stilgesetzen heidnischer Wundergeschichten

Biblische Wundererzählungen folgen festen Stilformen hellenistischer Wundererzählungen.[62] Diese sind nach dem Schema Exposition – Darstellung des Heilungsvorganges – Erzählungsabschluss gestaltet. Daraus ergibt sich in der Regel ein gleichbleibender Aufbau neutestamentlicher Wundergeschichten. In dieser Gestalt eigneten sie sich für die Verkündigung der frühchristlichen Missionare vor den Heiden. Formal betrachtet sind sie also keineswegs typisch christlich, sondern Allgemeingut im religiösen und geistigen Umfeld der Antike.

(3)   Rückbezüge auf das Alte Testament

Verschiedene neutestamentliche Wundererzählungen lassen Anspielungen auf das Alte Testament erkennen.[63] Dies gilt besonders für Erzählungen von Naturwundern, etwa die Überlieferung von wunderbaren Brotvermehrungen, von Totenerweckungen, von der Stillung eines Sturms und vom Seewandel Jesu. Entsprechende Motive finden sich in alttestamentlichen Texten. Die Evangelisten greifen diese in der Absicht auf, Jesus als eine Gestalt zu schildern, die durch sein Wirken die alttestamentlichen Heilszeichen überbietet: Jesus ist mehr als ein Mose, Elija oder Elischa – die größten Wundertäter des Alten Testaments!

(4)   Ausgestaltung im Licht des Osterglaubens

Unter dem Eindruck des Osterglaubens rückte die Urkirche die Wundertaten Jesu, die er bei seinem öffentlichen Wirken vollbracht hatte, in ein neues Licht.[64] So wurden beispielsweise Totenerweckungen, vor allem die des Lazarus, als Hinweise auf die Auferstehung Jesu gedeutet und als Zeichen der Hoffnung auf die zukünftige Auferstehung der Christen. Die gläubige Meditation der nachösterlichen Kirche über Jesu Person und Wirken prägte verschiedenen Wundererzählungen –

---

[62] Vgl. Lachmann, Wunder 382f.
[63] Vgl. Knoch, Botschaft 46f.
[64] Vgl. ebd. 86f.

vor allem Rettungs- und Geschenkwundern sowie Epiphanien – einen eigenen Stempel auf.

(5)   Theologische Bearbeitung durch die Evangelisten

Zahlreiche Wundererzählungen sind in den Evangelien mehrfach überliefert. Trotz vieler Gemeinsamkeiten zeigen sich bei einem Vergleich charakteristische Unterschiede im Detail. Dies lässt darauf schließen, dass die Evangelisten den ihnen überlieferten Stoff nicht einfach in ihr Evangelium aufgenommen haben, um ihn zu tradieren.[65] Sie haben ihn vielmehr in einer Weise integriert, wie es ihrem Christusbild und ihren theologischen Absichten entsprach. So hebt beispielsweise der Evangelist Lukas bei seinen Wundererzählungen immer wieder soziale Motive hervor.

4.3   Ein Beispiel: Mk 6,45-52

Ich gehe in drei Überlegungen auf die eingangs vorgestellte Wundererzählung vom Gang Jesu auf dem See Gennesaret ein und verdeutliche, in welcher Weise sie von ihr vorauslaufenden Faktoren geprägt worden ist.

(1)   Beobachtungen: ein befremdlicher und widersprüchlicher Text

Bei einer Sichtung des Textes fallen etliche Merkwürdigkeiten, Spannungen und Widersprüche ins Auge. Einige Beispiele:[66]

- Widersprüchliche Ortsangaben: V.45: Fahrt nach Betsaida; V.53: Ankunft in Gennesaret.

- Wie kann Jesus trotz der Dunkelheit und der räumlichen Distanz die Jünger sehen?

- Warum wartet Jesus bis zur vierten Nachtwache (ca. drei Uhr morgens), wenn er schon vorher gesehen hat, dass die Jünger sich abmühen?

---

[65] Vgl. ebd. 62-82.
[66] Vgl. Ballhorn, Ufer 5.

- Es gibt keine Seenot, aus der die Jünger gerettet werden müssten. Dem entspricht, dass Jesus an ihnen vorübergehen will. Nur warum kommt Jesus dann überhaupt, und warum geht er nicht direkt auf die Jünger zu?

- Die Jünger sehen zuerst ein Gespenst (V.49), und dann sehen sie Jesus (V.50f).

Werden an den Text die Kriterien moderner Geschichtsschreibung angelegt, kann er nicht bestehen. Nicht einmal die Ortsangaben sind konsistent. Allerdings verfehlt ein solcher Maßstab die Erzählung. Es handelt sich bei ihr um einen literarischen Text, der etwas zum Ausdruck bringen möchte, was sich in einer rein informierenden und verobjektivierenden Sprache offenbar nicht ausdrücken lässt.

(2)   Intertextuelle Lektüre: der Text im Horizont des Alten Testaments

Es wurde bereits dargelegt, dass biblische Wundererzählungen Rekonstruktionen von Ereignissen im Leben des historischen Jesus aus der Sicht des Urchristentums sind. In dessen kollektivem Gedächtnis war selbstverständlich das Alte Testament präsent. Diese Perspektive lässt sich auch in Mk 6,45-52 erkennen. Blicken wir dazu auf den rätselhaften Vers 48: „[Er] wollte aber an ihnen vorübergehen." Was soll das bedeuten? Jesus sieht die Not der Jünger, geht ihnen entgegen – möchte aber an ihnen vorbeigehen. Eine provozierende Textauslegung, die nicht vorschnell fromme Jesusbilder reproduziert, könnte dann so lauten: „Wenn du im Leben in Not bist, kommt Jesus auf dich zu – will dich dann aber links liegen lassen."

In der Tat: Wer neutestamentliche Texte nur punktuell liest, versteht ihre „Logik" nicht. Diese erschließt sich erst, wenn ihre Rückbezüge zum Alten Testament wahrgenommen werden.[67] Leserinnen und Leser des Alten Testaments wissen: Man kann Gott nicht einfach „from eye to eye" sehen. Gottesbegegnung ist, wenn überhaupt, nur im *Vorübergang* möglich. Dies erfährt Mose am Sinai, als Gott in seiner Herrlichkeit an ihm vorüberzieht, während er in einer Felsspalte steht (Ex 33,18-23):

---

[67] Vgl. ebd. 7.

Dann sagte Mose: Lass mich doch deine Herrlichkeit sehen! Der Herr gab zur Antwort: Ich will meine ganze Schönheit vor dir vorüberziehen lassen und den Namen des Herrn vor dir ausrufen. Ich gewähre Gnade, wem ich will, und ich schenke Erbarmen, wem ich will. Weiter sprach er: Du kannst mein Angesicht nicht sehen; denn kein Mensch kann mich sehen und am Leben bleiben. Dann sprach der Herr: Hier, diese Stelle da! Stell dich an diesen Felsen! Wenn meine Herrlichkeit vorüberzieht, stelle ich dich in den Felsspalt und halte meine Hand über dich, bis ich vorüber bin. Dann ziehe ich meine Hand zurück und du wirst meinen Rücken sehen. Mein Angesicht aber kann niemand sehen.

Ähnliches erlebt Elija am Berg Horeb: Angekündigt durch gewaltige Naturerscheinungen – Sturm, Erdbeben, Feuer –, zieht Gott schließlich an ihm in einem sanften, leisen Säuseln vorüber. 1 Kön 19,11-13 beschreibt dieses Ereignis folgendermaßen:

Der Herr antwortete: Komm heraus und stell dich auf den Berg vor den Herrn! Da zog der Herr vorüber: Ein starker, heftiger Sturm, der die Berge zerriss und die Felsen zerbrach, ging dem Herrn voraus. Doch der Herr war nicht im Sturm. Nach dem Sturm kam ein Erdbeben. Doch der Herr war nicht im Erdbeben. Nach dem Beben kam ein Feuer. Doch der Herr war nicht im Feuer. Nach dem Feuer kam ein sanftes, leises Säuseln. Als Elija es hörte, hüllte er sein Gesicht in den Mantel, trat hinaus und stellte sich an den Eingang der Höhle.

Zurück zum Seegang Jesu in Mk 6. In der „Logik" des Alten Testaments ist der Vorübergang Weise der Gottesbegegnung. Wenn nun von Jesus gesagt wird, dass er an den Jüngern vorübergehen will, bedeutet das nicht weniger, als dass Jesus tut, was Gott tut, nämlich sich zu offenbaren. Aus diesem Grund ist die Perikope vom Seegang Jesu viel weniger eine Erzählung von einem übernatürlichen Mirakel als vielmehr eine Geschichte, in der Jesus in die Rolle Gottes tritt, also Gott gleich handelt.

(3)   Rekonstruierte Erinnerung: der Text im Licht des Osterglaubens

Die Wundererzählung vom Seegang ist – neben einer Relektüre alttestamentlicher Texte – von Erfahrungen her geformt, die auf jenes Ereignis zurückgehen, das Christen Ostern nennen. Zwischen Mk 6,45-52 und verschiedenen Ostererzählungen in der Bibel gibt es markante Parallelen:

1.   Es handelt sich in beiden Fällen um Erzählungen von Begegnungen zwischen Menschen, die in Not und Verzweiflung stecken, und dem machtvollen Sohn Gottes.

2.   Dabei erkennen die Jüngerinnen und Jünger Jesus nicht sofort – im Markustext sehen sie in ihm zunächst ein Gespenst –, sondern erst auf den zweiten Blick.

3.   Die Begegnung mit Jesus bewirkt Rettung und Heil.

Über das historische Geschehen, das dem Markustext zugrunde liegt, lässt sich kaum mehr Zuverlässiges sagen. In der Rekonstruktion des Geschehens innerhalb des späteren Bezugsrahmens „Ostern" nahm es aber ganz neue Züge an: Jesus, der auf dem See wandelt und in die blinde Angst der Jünger eintritt, wird nun als österlicher, als auferstandener Christus gezeichnet. Die Wundererzählung ist so „Vorschein des Ostermorgens in das Alltagsleben der Jünger"[68].

5   *Biblische Wundererzählungen und Wunderverständnis: auslegungsgeschichtliche Perspektiven*

Überblickt man die Auslegungs- und Verstehensgeschichte biblischer Wundererzählungen, lassen sich drei grundsätzliche Verstehenstypen unterscheiden:[69]

---

[68] Ebd. 7.
[69] Vgl. hierzu Lachmann, Wunder 385.

119

(1)   Biblizistisch-übernatürlicher Verstehenstyp

Vertreter dieser Position beharren auf einem wörtlichen Verständnis der Wundergeschichten. Diese werden als historische Geschehensberichte von über- und widernatürlichen Wundertaten eines allmächtigen Gottes gelesen. Gesagtes und Gemeintes fallen mehr oder minder in eins. Kurz gesagt: Die Wunder werden *rezitiert*.

(2)   Rationalistisch-natürlicher Verstehenstyp

Hier werden biblische Wundererzählungen ebenfalls als historische Geschehensberichte wahrgenommen, die Interpreten geben ihnen jedoch eine natürliche Deutung. Ein Beispiel: Die Erzählung vom Gang Jesu auf dem Wasser, wie sie in den Evangelien berichtet wird, wurde so erklärt, dass Jesus auf einem mächtigen schwimmenden Balken gestanden sei, den die Jünger nicht gesehen hätten. Diese Position lässt sich bündig so kennzeichnen: Die Wunder werden *eliminiert*.

(3)   Hermeneutisch-persönlicher Verstehenstyp

Charakteristisch für diesen Typ ist, dass er eine Unterscheidung von Gesagtem und Gemeintem voraussetzt. Biblische Wundererzählungen werden als Glaubenserzählungen wahrgenommen, die weder ein historisches noch ein naturwissenschaftliches Erzählinteresse haben, sondern primär ein Glaubensinteresse. Unter diesem Blickwinkel zielen Wundererzählungen auf persönliche Ansprache, Beteiligung und Stellungnahme. Erneut in eine knappe Formel gegossen: Die Wunder werden *interpretiert*.

6   Systematische Aspekte: zur Möglichkeit und zur Erkennbarkeit von Wundern

Ich gehe in diesem systematisch akzentuierten Abschnitt auf drei Gesichtspunkte zur Wunderfrage ein, die in eine Definition des Wunderbegriffs ausmünden.

6.1   Wunder und (naturwissenschaftliches) Weltbild

In einem Weltbild, das durchgehend der naturwissenschaftlichen Denkweise verpflichtet ist, haben Wunder von vornherein keinen Platz.[70] Naturwissenschaftlich kann es nämlich nichts geben, was nicht eine natürliche Ursache hätte. Wo doch unerklärliche Phänomene auftauchen, wird angenommen, dass es dafür eine Ursache gebe; nur sei diese gegenwärtig nicht bekannt. Streng genommen enthält diese für die Naturwissenschaften notwendige Vorgehensweise keine tragfähige Aussage über die Beschaffenheit der Wirklichkeit. Sie ist ein *methodisches Prinzip*: Es ist nach kausalen Zusammenhängen zu suchen, und wo solche nicht gefunden werden, bedeutet dies, dass die Suche bislang noch nicht erfolgreich war und fortgesetzt werden muss. Es versteht sich von selbst, dass angesichts eines solchen Prinzips kausaler Erklärung Wunder nicht existieren können bzw. vermeintliche Wunder auf natürliche Ursachen zurückgeführt werden müssen und damit „entzaubert" sind.

Wissenschaftstheoretische Reflexionen gerade der letzten Jahrzehnte haben allerdings zu der Einsicht geführt, dass die Naturwissenschaften nicht die Welt „an sich" erfassen, sondern nur ein spezifisches Modell von Welt entwerfen. Die naturwissenschaftliche Rationalität stellt eine von mehreren Rationalitätsformen dar, mit denen der Mensch die Wirklichkeit erschließt.[71]

Bevorzugter Untersuchungsgegenstand der Naturwissenschaften sind messbare und reproduzierbare Vorgänge. Darüber hinaus gibt es aber Ereignisse, die sich einer Beschreibung bzw. Herleitung durch empirisch fundierte, streng deterministische Gesetzmäßigkeiten entziehen:[72]

---

[70] Zum Folgenden vgl. Schoberth, Wunder 57f.

[71] Vgl. hierzu weiterführend Baumert, Deutschland 106-108; 113. Dass es neben einer naturwissenschaftlichen auch eine religiöse Rationalität gibt, wird in Kropač, Rationalität 365-376 erörtert. Zum Verhältnis zwischen naturwissenschaftlicher und religiöser Rationalität vgl. Kropač, Religion 100-108.

[72] Vgl. Evers, Wunder 80f.

1. das Individuelle und Einmalige;

2. das Komplexe und Systemische;

3. das Historische.

Ereignisse, die diesen Kategorien entsprechen, beruhen nicht auf einer Durchbrechung der Naturgesetze, aber sie bezeichnen Orte, an denen das Außer-Ordentliche bzw. ein mögliches Wunder in unserer Wirklichkeit manifest werden kann.[73] Weil die genannten Kategorien einem gesetzmäßigen Zugriff entzogen sind, kann ein Wunder grundsätzlich nicht als objektiver Tatbestand ausgewiesen werden. Es erlangt lediglich den Status subjektiver Gewissheit.

6.2 Wunder und Glaube

In der katholischen Apologetik des 19. Jahrhunderts bis in die Mitte des 20. Jahrhunderts hatten Wunder die Funktion, die Glaubensentscheidung rational zu begründen. Erfüllte Prophezeiungen und Wunder, von denen die Bibel berichtet, erlaubten es dem Menschen – so die Gedankenführung –, den Glauben an einen sich offenbarenden Gott in intellektueller Redlichkeit zu rechtfertigen.[74]

Diese Begründungsfigur ist heute nicht mehr tragfähig: „Wunder taugen nicht als Beweis für die Wahrheit des Glaubens"[75]. Gerade das Gegenteil ist der Fall: Nicht die Wunder schaffen oder rechtfertigen den Glauben, sondern aufgrund des

---

[73] Vgl. ebd. 83.

[74] Vgl. Böttigheimer, Fundamentaltheologie 81.

[75] Lachmann, Wunder 384. – „Kein Mensch kommt zum Glauben, weil vor zweitausend Jahren ein Mann über das Wasser lief, auch nicht weil er Kranke heilte und nicht einmal weil berichtet wird, er habe Tote auferweckt. Das Erste ist dem Ungläubigen ein geschickter Trick oder eine erstaunliche Fähigkeit, das Zweite eine außergewöhnliche psychosomatische Heilung, das Dritte, weil es ja buchstäblich nicht geschehen sein könne, eine übersteigerte Darstellung der Heilung einer tödlichen Krankheit – alles erstaunlich und beeindruckend, mehr aber nicht. Insofern hatte Lessing Recht: Der Glaube kann auf historischen Wahrheiten nicht gegründet werden." (Schoberth, Wunder 57.)

Glaubens werden bestimmte Ereignisse erst als Wunder lesbar.[76] Zudem wird der Glaube zum Prüfstein für alles, was sich als Wunder ausgibt.

Dieser Zusammenhang zeigt sich übrigens bereits in den neutestamentlichen Wundererzählungen. Hier wird wiederholt die Gläubigkeit als Voraussetzung für das Wunder festgehalten.[77] Das Wundercharisma Jesu wirkt nicht im Sinne eines Automatismus, sondern kann sich erst da entfalten, wo ein Mensch glaubt, wo er darauf vertraut, dass Gottes Macht in Jesus verfügbar wird.[78] Wo der Glaube fehlt, wirkt Jesus auch keine Wunder.[79]

6.3   Wunder: Versuch einer Definition

Ich mache fünf zentrale Aspekte eines modernen Wunderbegriffs namhaft. Diese werden abschließend in einer Definition zusammengefasst.[80]

1.   Es handelt sich bei einem Wunder um ein außergewöhnliches und unerwartetes Widerfahrnis, das unsere Alltagserfahrungen unterbricht oder durchbricht und zum Staunen und Wundern anregt.

2.   Ein Wunder ist keine objektive Tatsache, die für jedermann einsichtig und nachprüfbar wäre. Es ist auf eine subjektive Deutung angewiesen.

3.   In der Perspektive des Glaubens wird das wunderbare Geschehen aus seiner Vieldeutigkeit – Zufall, Glück, Wunder – in die Eindeutigkeit – Wunder Gottes – überführt. Der gläubige Mensch erkennt im Wunder Gottes Zuwendung und Gottes Heil.

---

[76] Vgl. Evers, Wunder 84. – Dessen ungeachtet ist neutestamentlich das Phänomen bezeugt, dass Menschen durch die Wunder Jesu zum Glauben kommen. Vgl. z. B. Joh 11,45 in Verbindung mit Joh 11,17-44.

[77] Vgl. beispielsweise Mk 5,34; Lk 18,42.

[78] Vgl. Baumann, Wunder 485.

[79] Vgl. beispielsweise Mk 6,5; 8,11f.

[80] Vgl. Lachmann, Wunder 385f; Evers, Wunder 82.

4. Das Wunder hat Zeichencharakter. Es erfüllt – allerdings nur für den Gläubigen – die Funktion, Gott als den Urheber des Wunders und das geschenkte Heil als seine Absicht erkennen und zur Geltung bringen zu können.

5. Eine Konkurrenz zur naturwissenschaftlichen Betrachtungsweise ist unnötig. In der subjektiven Betroffenheit des Glaubenden kann ein außergewöhnliches Widerfahrnis auch dann als ein wunderbares Eingreifen Gottes verstanden werden, wenn es sich im Rahmen von Naturgesetzen erklären lässt.

Knapp zusammengefasst lässt sich ein Wunder wie folgt definieren:

„Ein Wunder ist ein Verwunderung hervorrufendes, außergewöhnliches Ereignis, das eine überraschende Wende zum Heil herauführt und darin für die Glaubenden auf Gott als den Grund der Wirklichkeit verweist."[81]

7 „Wunder gibt es immer wieder…": (k)eine Binsenweisheit

Von Katja Ebstein stammt der in den 1970er Jahren populäre Schlager „Wunder gibt es immer wieder". Der Refrain des Songs lautet:

„Wunder gibt es immer wieder, heute oder morgen können sie gescheh`n.

Wunder gibt es immer wieder, wenn sie dir begegnen, musst du sie auch seh´n."

Der Refrain ruft in Erinnerung, was ich in einer viel aufwändigeren und komplizierteren Gedankenführung und Diktion versucht habe auszuführen: dass es nämlich das Wunderbare „an sich" nicht gibt. Wunder erschließen sich lediglich jenem, der überhaupt dem unbegreiflichen Phänomen *Welt* Sinn zutraut. Nur wer die Bereitschaft mitbringt, die Wirklichkeit nicht im Stahlgehäuse ihrer Faktizität aufgehen zu lassen, sondern in ihr auch das Sinnhafte wahrzunehmen, wird dem Wunderbaren begegnen. Insofern steckt in Katja Ebsteins Song mehr als eine Binsenweisheit: Wunder sind keine verqueren Anwandlungen von frommen Leuten in der Vergangenheit, sondern Ereignisse, die auf hellsichtige Menschen heute und morgen zukommen können.

---

[81] Evers, Wunder 82 (im Original kursiviert).

Literatur

Assmann, Jan.: Das kulturelle Gedächtnis. Schrift, Erinnerung und politische Identität in frühen Hochkulturen, München [6]2007.

Ballhorn, Egbert: Zu neuen Ufern. In: Bibel heute 41 (2005), H.2, 4-7.

Baumann, Rolf: Art. Wunder. In: NHThG (Neuausgabe 2005) 4, 477-491.

Baumert, Jürgen: Deutschland im internationalen Bildungsvergleich. In: Killius, Nelson/Kluge, Jürgen/Reisch, Linda (Hrsg.): Die Zukunft der Bildung, Frankfurt a. M. 2002, 100-150.

Böttigheimer, Christoph: Lehrbuch der Fundamentaltheologie. Die Rationalität der Gottes-, Offenbarungs- und Kirchenfrage, Freiburg i. Br. 2009.

Bultmann, Rudolf: Neues Testament und Mythologie. Das Problem der Entmythologisierung der neutestamentlichen Verkündigung. Nachdruck der 1941 erschienenen Fassung hrsg. von Eberhard Jüngel, München 1985.

Denzinger, Heinrich: Kompendium der Glaubensbekenntnisse und kirchlichen Lehrentscheidungen. Verb., erw., ins Deutsche übertragen und unter Mitarbeit von Helmut Hoping hrsg. von Peter Hünermann, Freiburg i. Br. u. a. [37]1991.

Evers, Dirk: Wunder und Naturgesetze. In: Ritter/Albrecht (Hrsg.): Zeichen und Wunder, a. a. O., 66-87.

Knoch, Otto: Dem, der glaubt, ist alles möglich. Die Botschaft der Wundererzählungen der Evangelien. Ein Werkbuch zur Bibel, Stuttgart 1986.

Kropač, Ulrich: Religion als Zugang zur Wirklichkeit? Religiöse und naturwissenschaftliche Rationalität im Horizont religiöser Bildung. In: rhs 53 (2010) 100-108.

Kropač, Ulrich: Religiöse Rationalität als Proprium religiöser Bildung. Ein bildungstheoretisches Plädoyer für Religionsunterricht an öffentlichen Schulen. In: rhs 51 (2008) 365-376.

Lachmann, Rainer: Wunder. In: ders./Adam, Gottfried/Ritter, Werner H.: Theologische Schlüsselbegriffe. Biblisch – systematisch – didaktisch, Göttingen [2]2004, 381-391.

Meurer, Thomas: Rekonstruktive Religionspädagogik. Katechese und Religionspädagogik vor den Herausforderungen der Postmoderne. In: Orientierung 68 (2004) 66-70 (1. Teil); 77-79 (2. Teil).

Ritter, Werner H./Albrecht, Michaela (Hrsg.): Zeichen und Wunder. Interdisziplinäre Zugänge, Göttingen 2007.

Schoberth, Wolfgang: Was Wunder. Über den Zauber der Welt und die Leibhaftigkeit des Glaubens. In: Ritter/Albrecht (Hrsg.): Zeichen und Wunder, a. a. O., 53-65.

Theißen, Gerd: Die Wunder Jesu. Historische, psychologische und theologische Aspekte. In: Ritter/Albrecht (Hrsg.): Zeichen und Wunder, a. a. O., 30-52.

Theißen, Gerd/Merz, Annette: Der historische Jesus. Ein Lehrbuch. Göttingen ²1997.

Verweyen, Hansjürgen: Gottes letztes Wort. Grundriss der Fundamentaltheologie, Düsseldorf 1991.

Vorgrimler, Herbert: Art. Wunder. In: NThWb, 685f.

Weiser, Alfons: Was die Bibel Wunder nennt. Sachbuch zu den Berichten der Evangelien, Stuttgart 1992.

Werbick, Jürgen: Den Glauben verantworten. Eine Fundamentaltheologie, Freiburg i. Br. u. a. 2000.

Wiedenhofer, Siegfried: Art. Wunder. III. Systematisch-theologisch. In: LThK³ 10, 1316-1318.

Wunderglaube und Wirklichkeitserfahrung

Klaus Berger

(Theologie, Heidelberg)

Mich stören Christen, die etwa zur Lazarus-Geschichte in Johannes 11erklären, darin solle nur - da es kein historischer Bericht sei - dargelegt werden, man müsse sein Leben umstellen. Und ich pflege dann zu antworten „Wenn ich mein Leben umstellen will, dann gehe ich ins Reformhaus und fange an Kräuter zu essen und Körner. Da brauche ich nicht so eine aufwendige Geschichte." Am meisten bin ich allerdings gegen die Meinung katholischer Religionspädagogen zum Beispiel im Bistum Regensburg, die etwa sagen, alle Wundergeschichten seien moralisch zu erklären. Weil ja Moral die Botschaft des Christentums sei, Vernunft und Moral. Eben das. Und da die Wundergeschichten nicht vernünftig sind, sollen sie wenigstens moralisch gedeutet werden. Was mich an diesen Gegenpositionen immer ärgert, ist ihr provinzieller und spießiger Charakter, dass sie aus der Not, dass es schwierige Texte sind, meinen eine Tugend machen zu müssen und gleich mit dem Holzhammer ihre eigene Botschaft darin unterzubringen versuchen. Mein Plädoyer wird lauten: Gib dem Wunder seine eigene Autonomie. Ihr müsst doch auch sonst nicht alles über einen Kamm scheren. Dasselbe gilt auch für unsere Wertvorstellungen und dasselbe gilt auch für die Moral. Und ich denke, dass mit autonomen Regionen die Zusammenarbeit einfacher ist. Es geht - im Bilde - um das eine Spanien. Ich wäre für die Unterstützung der Autonomie, etwa der Basken, weil sie dann zur Ruhe kommen und positiv und konstruktiv für das Ganze mitarbeiten können. So ist es mit den Wundern im Rahmen unseres Verständnisses von Wirklichkeit.

Übrigens setze ich nicht die Existenz Gottes einfach voraus. Die Geschichten waren ja ganz anders. Die Geschichte war: St. Michael in Hildesheim, eine Kirche, die bald tausend Jahre wird; die Pietà des Hans Witten von Köln um 1510 in meiner Pfarrkirche in Goslar, rätselhafte Texte, von denen mich zugegebenermaßen die am meisten fasziniert haben, die die anderen Leuten billig entsorgten. Oder eben das erstaunliche Leben von großen und komischen Heiligen, von Jesus bis zu Dietrich Bonhoeffer. Der Reim, den ich mir darauf gemacht habe, ist: Es geht oftmals um eine besondere Wirklichkeit, mit der wir uns zu befassen haben - auch bei den Visionen -, und nicht um einen Anhang, keineswegs um eine Nische, die uns Naturwissenschaftler gnädigerweise zur Verfügung stellen, dass wir darin unsere subjektiven, teils krankhaften Phantasien entwickeln dürfen.

Der eigentliche Beginn ist eine provozierende Geschichte, nämlich Johannes 11, die Auferweckung des Lazarus. Darüber hat man sich 150 Jahre lang gestritten zwischen Berlin und Tübingen; wobei merkwürdigerweise in Berlin die Konservativen saßen, in Tübingen die Revoluzzer. Heute ist das ganz gewiss umgekehrt. In Johannes 11 geschieht es, dass Lazarus schon vier Tage im Grab liegt und schon stinkt. „Er riecht schon", wie Luther übersetzt. In der Übersetzung Berger/Nord - in der Übersetzung, die ich mit meiner Frau zusammen gemacht habe - heißt es: „Er stinkt schon." Und Jesus geht vor das Grab und ruft: „Lazarus, raus hier!" Lazarus hört das, kommt heraus, in die Totenbinden schön eingewickelt. Diese Wickel hatten gerade den Zweck, dass die Toten nicht wiederkommen sollten. Denn es konnte ja sein, dass die Erben schon im Gasthaus saßen und sich über das Erbe stritten und das Erbe aufteilten. Und dann tut sich die Tür auf und der Tote kommt und sagt: „Bin wieder da." Das ist natürlich schrecklich. Das zu verhindern, dazu waren die Totenbinden gerade da. Johannes 11 ist eine Geschichte, die auch schon eben das ganze 19. Jahrhundert über die

Menschen einfach beleidigt hat, die vernünftig waren. Und die Frage, die wir stellen: Ist es nun geschehen oder nicht? Ist es möglich oder nicht? Dafür interessiert sich der Johannes-Evangelist überhaupt nicht. Das finde ich das eigentlich Erstaunliche. Und ich finde auch nicht, dass es damit getan ist, die Geschichte zu den anderen biblischen zu legen und zu sagen, das glaube ich ja sowieso. Das ist wie ein sorgfältig gebügeltes Wäschestück, das man in den Wäscheschrank legt, dann verschließt man den Schrank, und im Übrigen sagt man: „Regt mich nicht auf, ich glaube sowieso alles". Vielleicht geht es gar nicht darum, diese Geschichte einfach nur zu glauben, sondern sie ist hinsichtlich der Intention auf den Leser eine einzige Provokation. Wie wäre es, wenn das wahr wäre? Wie wäre es, wenn man hier nicht ein Schema „vor Ostern - nach Ostern" zu Hilfe nehmen müsste, um die Geschichte zu ermäßigen, sondern wenn man einfach damit fertig werden müsste. Und man wird damit nicht fertig, dass Jesus Gottes Handeln vollzieht. Wenn ja, dann wäre das Wahnsinn. Wenn nein, dann wäre Jesus so langweilig wie ein deutscher Innenminister.

Und mir scheint, dass die Wunder aus demselben Holz geschnitzt sind wie die Bergpredigt. Wenn Sie die einmal wirklich lesen, werden Sie wahrnehmen: Das ist eine einzige Überforderung, ein einziger Wahnsinn, sich niemals zu wehren, sondern das Doppelte draufzugeben. Und wir tragen es beruhigt nach Hause und mit Goldschnitt. Oder die Verheißung Jesu, dass man in den Himmel kommt, wenn man einem Christen auch nur einen Becher Wasser reicht. Oder die Seligpreisungen oder Jesu Worte: „Lasst die Toten ihre Toten begraben". Unglaublich. Missachtung jeder Pietät. Und: „Ich bin Sohn Gottes", was Jesus dem Sinne nach immer wieder sagt, das hat kein Mensch der Antike je getan. Hier ist überall in den Wundern, in den Seligpreisungen, in der Bergpredigt, im Lebensstil Jesu, eine einzige Zumutung. Und das hat offenbar System.

Deshalb liebe ich die Geschichte mit Lazarus besonders, weil sie mich nicht in Ruhe lässt, weil sie ständig eine Anfrage ist an jede Art von zurechtgelegter Theologie. Wenn das wahr wäre, dass es tatsächlich um Gott geht, dann kann das nicht sein, was wir uns ordentlich zurechtgelegt haben.

Zu Anfang also keine Definition. Sondern Wunder im theologischen Sinne ist ein überraschendes Geschehen im Beziehungsdreieck von Gott und Christus, dem Verkündiger und dem Adressaten des Wunders. Das heißt also, ein Wunder ist es nicht, wenn irgendwo ein Kalb mit drei Köpfen geboren wird, und ein Wunder ist es auch nicht im theologischen Sinne, wenn Menschen erstaunliche Fähigkeiten haben, wie viele Heiler. Da gibt es ja Wunder außerhalb des Christentums. Aber die Theologen beschäftigen sich mit Wundern speziell in dem dargestellten Beziehungsdreieck. Das heißt, die Wunder werden hineingenommen in die Verkündigung. Die Funktion: Wunder ist eine Zeichenhandlung im Rahmen der Botschaft. Das Erstaunen mit der Frage nach der Macht und deren Träger, der sich äußert, das Erstaunen als Frage nach der Macht. Es ist also eine Machtfrage und diese Machtfrage wird regelmäßig mit einer Reaktion beantwortet. Entweder es heißt „Er staunte" oder eben „Er glaubte". In der Regel folgt der Glaube auf die Wunder, er wird nicht vorausgesetzt. Dazu gleich noch. Ich beziehe mich also auf die verschiedenen Arten von Wundern und würde den Horizont weit fassen, würde also die Entstehung Jesu durch den Heiligen Geist und die Auferstehung dazunehmen.

Das ist alles dieselbe Sorte von abstrusen Geschichten. Und in meiner Definition „Wunder ist ein überraschendes Geschehen in einem Beziehungsdreieck" habe ich nicht die Ursachenfrage gestellt, sondern den Kontext betont, den missionarischen Kontext. In diesem Kontext ist offenbar das Entscheidende der Glaube, der durch das Wunder zustande kommt. Es gibt den Sonderfall in wenigen Texten, wo es heißt: „Dein Glaube hat dir geholfen.“

Es sind interessante Texte.“Dein Glaube hat dir geholfen.“ Das heißt, Jesus kommt, tritt auf, weckt den Glauben an Gott und dieser Glaube hat den Kranken in Ordnung gebracht. Die Ordnung ist an der Spitze geheilt, nämlich im Herzen, und daher wird auch der ganze restliche Leib von dieser Gesundheit angesteckt. Es gibt also hier nach der Ansicht Jesu eine Wechselwirkung von Glauben und Gesundheit, von Herz und Leib. Also kein Dualismus, sondern es ist ein gemeinsamer Zusammenhang. Dieses ist auch keine naturwissenschaftliche Erklärung, sondern nur: Hier glaubt jemand, und dieser Glaube ist ansteckend. Das ist „diffundierend“, würde man heute mit einem schönen Fachausdruck sagen.

Ich denke, dass beim Glauben entscheidend ist, nicht dass Gott seine eigene Schöpfung überlistet und *contra naturam* handelt, sondern die Freude über geschenktes Leben, und diese Freude hängt mit dem Sinn des Evangeliums zusammen. Beispiel: Ich hatte einen alten Freund in Holland, einen Antiquar. Er war an Leukämie erkrankt. Und man hätte nicht denken sollen, dass er das Weihnachtsfest übersteht. Es war eine aggressive Leukämie. Vor drei Wochen schrieb er mir eine Mail - die schönste, die ich in meinem Leben je gelesen habe -, dass er überglücklich sei, weil die Leukämie sich schlafen gelegt habe, also nicht weg sei, aber sich schlafen gelegt habe, und das gibt es in einem von 100.000 Fällen. Weder er noch ich haben dies ein Wunder genannt, denn man weiß ja nicht, warum die Leukämie sich schlafen gelegt hat. Das sollen die Naturwissenschaftler erforschen. Aber was darin im Sinne des Evangeliums ist, dass es ein ungewöhnliches Ereignis ist, ein außergewöhnliches, 1 zu 100.000, welches fragen lässt nach dem Sinn; ein Ereignis, welches mit so großer Freude erfüllt ist, dass das ganze Leben umgestellt wird. Dieser Mann war wie verwandelt seitdem.

Wunder haben also eine ‚dienende' Funktion. Sie sind nicht selber etwas, das man zu glauben hätte und wo man dann an den Schwierigkeiten dieses Glaubens scheitern müsste - so geht es ja vielen Menschen - , sondern Freude über geschenktes Leben.

Deshalb ließ man auch die Bundeswehr kompanienweise nach Lourdes fahren. Nicht weil die Bundeswehr geheilt werden müsste oder die jungen Soldaten, sondern weil sie alle verändert wiederkamen. Verändert auf Grund des Übermaßes an Hoffnungslosigkeit, an Hoffnung, an Hilfsbedürftigkeit, an geleisteter Hilfe, an Tröstung. Denn wenn man weiß, auch die höchste Instanz namens Lourdes hat nicht geholfen, dann kann eben wohl nichts mehr helfen. Dann kann man sich in sein Geschick fügen. Also, die Mentalität ist verändert und alle nach Lourdes gereisten Soldaten, die ich je darüber gesprochen habe, haben mir dieses immer wieder gesagt, auch wenn sie selber nicht wissen, was ein Wunder ist oder wie so etwas zustande kommt. Entscheidend ist die Veränderung der Mentalität. Darauf legt Jesus wert.

Und wenn man nicht geheilt wird und in eine katastrophale Situation kommt, dann ist auch die auf ihre Weise eine außergewöhnliche, die einen zum Nachdenken bringen kann.

Bei den Katastrophen werden dann plötzlich die Seelsorger gefragt. Das Außergewöhnliche bringt uns in solche Situationen, überhaupt aufmerksam zu werden auf die Frage nach dem Sinn des Ganzen.

Und schließlich ein weiterer Aspekt. Wunder sind naturwissenschaftlich unbeweisbar. Aber es gab zu Beginn des Pontifikates von Benedikt XVI. einen interessanten Fall, bezogen auf den damals neuen General der Jesuiten. Der Papst hatte versucht, die Karriere dieses Jesuiten zu blockieren. Er war lange in Ozeanien tätig. Er hat die These vertreten, die

Kirche könnte von den Geschehnissen in Ozeanien, von der ozeanischen Weltanschauung, von der Kultur, von der Religion dieser Leute eine Menge lernen. Der Papst war anderer Meinung und hat die Karriere dieses Mannes gestoppt, er war eher für Platon und Aristoteles. Doch die Jesuiten wählten ihn zum General. Ich finde aber, dass es gut ist, wenn man auf die ozeanische Kultur hört, die nicht die von Aristoteles eingeleitete Anschauung über Medizin und Naturwissenschaft hat. Aristoteles ist ein wunderbarer Gelehrter, aber extrem begrenzt. Denn in den Wundern tritt eine Anschauung zutage, die sehr viel mehr an die Stammeskultur in Afrika, an ozeanische Vorstellungen von Wirklichkeit erinnert als an die aristotelisch-abendländische naturwissenschaftliche. Ich bin selber Apothekersohn, weiß von der großen Krise in diesem Beruf, die nicht eine finanzielle war, sondern dass plötzlich Bayer-Leverkusen und Penizillin weltweit überrundet wurden durch Einsichten aus der ganz anderen, völlig unwissenschaftlichen Medizin der Völker in Afrika und Ozeanien. Das ist der Punkt. Geht es beim Wunder in der Binnenstruktur, indem etwas erfahren wird, nicht einfach um eine andere Kultur? Eine andere Weise wahrzunehmen und Heilung zu suchen? So, wie wenn man die Weltanschauung einer Ameise rekonstruieren müsste oder versuchte, sie, wenigstens punktuell, zu erfassen. Für Ameisen sind Blattläuse unheimlich wichtig. Für Ameisen ist nicht Mozart wichtig oder die Buchmesse. Und wenn man hier mit Menschen zu tun hat und eine Menschheit weltweit entdecken will, dann kann man nicht einfach sagen:

„Diese Kulturen interessieren uns nicht, wir haben die siegreiche, bessere, und das andere ist vorwissenschaftlicher Aberglaube." Und das höre ich eben auch über Wunder und reklamiere für diese Wirklichkeit den Status einer eigenen Region in der Welt inklusive einer anderen Weise der Weltwahrnehmung - ganz schlicht - und fahre dann so fort.

Die Einschätzung der alttestamentlichen Wunder durch die historisch-kritische Methode ist ein Musterfall für ein wissenschaftstheoretisches Dilemma. Dieses Dilemma betrifft das Verständnis von Wirklichkeit. Denn die Aussage „Das gibt es nicht" oder „Das kann es nicht geben" oder, domestiziert formuliert: „Hier ist historisch nichts Konkretes mehr zu ermitteln", sie ist jeweils auch nur ein Eingeständnis der Hilflosigkeit angesichts einer solchen Geschichte. Das impliziert doch ein bestimmtes Verständnis von Wirklichkeit. Das übliche Verständnis der historisch-kritischen Methode gegenüber diesen Texten ist unhaltbar aus meiner Sicht, um nicht zu sagen, jämmerlich, und zwar aus folgenden Gründen: Es ist gegen die literarische Intention der Autoren gerichtet und verletzt allein schon die Loyalität ihnen gegenüber. Literarische Intention ist die Absicht. Loyalität ist die Pflicht des Auslegers, diese Absicht, auch wenn er sie nicht mag, nach Kräften zu rekonstruieren. Verbreitet unter katholischen Auslegern ist die Auffassung, dass die Brotvermehrungsgeschichten die Intention verfolgten, dass man teilen soll, Misereor, Dritte Welt - dass man das, was man hat, teilen soll. Als wäre es darum gegangen, dass die Jünger ihre Hasenbrote verteilt hatten. Das soll dann angeblich die literarische Intention gewesen sein, und ich denke, dass diese Intention damit verraten ist. Es geht keineswegs um das Teilen, denn die Geschichten bauen selbst eine Sperre gegen diese Deutung ein, indem sie sagen, es blieben noch sechs Körbe übrig. Also mehr als überhaupt je vorher vorhanden war. Dann gibt es Leute, die schreiben darüber Bücher, dass sie endlich ihre Fastenpredigten und Adventskollektenpredigten untermauern können, indem sie diese Geschichten moralisch auslegen. Hier werden die biblischen Autoren verraten. Der positive Sinn dieser Geschichten ist: Jesus ist der neue Mose, das Manna-Wunder wird überboten. Und es hat eine politische Dimension: Massenspeisungen waren nur noch dem Kaiser erlaubt, weshalb im Johannesevangelium Jesus dann zum König gemacht wird. Hier funktioniert das Politische nicht moralisch. Es ist eine Frage der Anbetung.

Die Auslegung der historisch-kritischen Methode verdünnt den Gehalt der Geschichten tendenziell moralisch: Beispiel Johannes 5. Evangelische Auslegung: Da geht es um die Heilung des Gelähmten, der seit 38 Jahren gelähmt war. Und diese Geschichte hat den Sinn, den aufrechten Gang einzuüben, und dann ist man natürlich gleich bei den Geschwistern Scholl. Der Gelähmte kriegt die Aufforderung: „Steh auf, nimm dein Bett und geh nach Hause". Und dann sagt man: „Ja, ja. Es geht um den aufrechten Gang". So kann man das im Religionsunterricht ‚rüberbringen'. Das andere glauben die Kinder sowieso nicht. Das sagen aufgeklärte Lehrerinnen und Lehrer quer durch Deutschland, weil sie sagen: Wie sollen wir es den Kindern denn beibringen? Aufrechter Gang, dann haben sie wenigstens was Moralisches. Und ich sage: „Nein. Es geht hier um die Neuschaffung des Menschen, praktisch".

Und zwar durch einen Jesus, dem man diese Qualität nicht erst nach Ostern anhängt, sondern das Ärgerliche wäre doch, wenn es vor Ostern tatsächlich mit Jesus verbunden worden wäre, und nicht erst eine Fiktion einer begeisterten Gemeinde ohne - oder mehr oder weniger ohne - historischen Grund. Diese Auslegungen sind lächerlich hinsichtlich der Auskunft, die für steil gehaltenen Berichte seien deshalb nachösterlich, weil sie eben steil seien. Mein Heidelberger Kollege Gerd Theißen sagt, die Geschichten, die man psychosomatisch - also durch Wechselwirkung von Glauben und Gesundheit - erklären kann, kann man für historisch halten. Dagegen solche steilen Geschichten wie die Auferweckung des Lazarus, das sei nachösterliche überhitzte Phantasie. Die Berichte des Neuen Testamentes machen diese Unterscheidung nicht, und ich halte sie für völlig unsinnig, weil es doch um denselben Jesus geht, dem man dieses hier nachsagt. Und es geht um die Frage der Vollmacht und nicht um eine psychosomatische Erklärung, die man an den Haaren herbeizieht. Und schließlich, wie schon angedeutet, die historisch-kritische Methode praktiziert ein westlich-imperialistisches Verständnis von Hermeneutik, das sich leiten lässt von der wilhelminischen Einheit von Vernunft und Physik. Wir haben im Doktorandenseminar Ernst Troeltsch gelesen. Eine Geschichtsphilosophie, ein monumentales Werk. Ernst Troeltsch ist ein Hegelianer, und er hat die Prinzipien aufgestellt, die heute in der Exegese für Wissenschaftlichkeit gelten. Wissenschaftlich diskutabel ist nur das, was in Analogie und Korrelation zu anderen Ereignissen steht. Analogie, heißt es, muss mindestens ähnlich sein. Und Korrelation, heißt es, muss in einer Wechselbeziehung zu allen anderen Vorgängen physikalischer Art bestehen. Es gibt keine Inseln im Wirklichkeitsverständnis. Und ich würde sagen, warum soll es nicht Inseln geben? Warum nicht autonome Regionen? Das gibt es ja sonst auch in der Welt. Ja, und warum muss alles immer nur über den Kamm der Analogie geschoren werden? Das ist doch gerade der Charme der Geschichten, dass sie nicht anfangen zu argumentieren: „Analog dazu ist dieses ja zu verstehen, und da könnt ihr es rational begreifen". Es geht nicht um ein rationales Begreifen.

Eine Anfrage an mich aus dem Vorbereitungskreis der Spring-School-Teilnehmer war: „Geht es bei Wunderglaube nicht um Aberglauben? Der soll doch überwunden werden". Aberglauben entsteht durch Kombinieren von Dingen, die durch keinerlei Logik miteinander verknüpft werden. Also: schwarze Katze am Mittag bedeutet Weltkrieg am dritten Tag. Das sind Dinge, die von abergläubischen Menschen geteilt werden, oder Liebeszauber, dass man eben durch Rösten und Trocknen von Froschschenkeln das Herz der Liebsten bezirzen könne. Aber das sind doch nicht Themen neu-testamentlicher Wundergeschichten. Hier geht es nicht um Aberglauben. Wir machen es uns oft viel zu einfach, mit dem Stichwort Aberglauben Wunder und Religion zu entsorgen. Das heißt, es gibt einfach andere Alternativen. Die entscheidenden Alternativen sind andere. Das ist das Problem. Die Alternative zu Troeltsch ist nicht Aberglaube und die Alternative zu Bultmann ist nicht Fundamentalismus. Wenn Sie das - diese beiden Sätzen wenigstens - mitnehmen aus meinem Vortrag. Denn darunter leidet die deutsche Szene, dass man sagt, alles, was nicht auf Bultmanns Weise die Wundergeschichten erklärt - wie das geschieht, zeige ich gleich -, ist Fundamentalismus. Und alle Leute, die nicht Troeltsch akzeptieren, sind dem Verdacht des Aberglaubens auszusetzen.

Bultmanns Lösung war: Diese Geschichten erzählen von einer Bedeutsamkeit und diese Bedeutsamkeit wird in eine mehr oder weniger mythologische Form gekleidet. Und es geht darum, diese mythologische Form zu interpretieren und die Bedeutsamkeit herauszubekommen. Beispiel: Frau Altbischöfin Käßmann hat erklärt, der Sinn der Weihnachtsgeschichten mit Mariä Empfängnis und Engel und Engeln auf dem Felde bei den Hirten, nicht zu vergessen, der Sinn der Weihnachtsgeschichten bestehe darin zu sagen, Jesus sei ein bedeutender Mensch. Dann kann man sagen: Bedeutende Menschen gibt es jede Menge, warum muss man dafür Engel bemühen? Und warum so eine haarsträubende Geschichte von einer unehelichen Geburt? Das sollte man dann lieber weglassen, weil es doch lieber vertuscht werden sollte, wie der heilige Joseph das ja versucht hat.

Vielleicht ist wirklich diese Alternative, „Bultmann oder Fundamentalismus", in Wirklichkeit ein gravierender Hemmschuh, natürlich auch hochschulpolitisch hochbrisant, weil Bultmanns Enkel und Urenkel in geschlossener Riege die Lehrstühle bevölkern. Der Fehler liegt oft darin, nur eine einzige Alternative zuzulassen. Das nennt man

137

Dualismus. Die fundamentalistische Erklärung würde sagen, es sei alles eigentlich genau so, wie in der Naturwissenschaft gefordert. Es sei genauso kausal zu erklären. Wenn jemand eine Wundervollmacht habe, dann wirke sie sich kausal aus, und alle Phänomene müssen und können kausal-mechanisch erklärt werden. Fundamentalismus ist ein Zwillingskind gegenüber der dogmatisch verstandenen Physik, weil es nur eine einzige Zone der Wirklichkeit gibt.

Ich denke, dass hier ein Beispiel für den Fundamentalismus angebracht ist: Lukas schreibt, der Heilige Geist kommt auf Jesus wie eine Taube. Der Österreicher Theodor Innitzer, der spätere Kardinal in Wien, schrieb: „Und nach der Taufe flog die Taube wieder zu ihren Artgenossen". Das heißt, er denkt an eine wirkliche Taube, die, nachdem sie aus den heiligen Diensten entlassen war, natürlich wieder ein normales Taubendasien führte. Das ist dann Fundamentalismus pur. Da geht es nur um eine wirkliche Taube. Anders ist es gar nicht möglich, und Merkmal der mystischen Wahrnehmung ist es doch gerade, dass man intensiv zu Bildern greift und gar nicht um den metaphorischen Bereich herumkommt.

Die mögliche Lösung, die ich angehe, ist nicht „irrational", sondern in einer anderen Logik, die freilich nicht an der Physik des 19. Jahrhunderts orientiert ist. Ich bediene mich zur Klärung dessen, was ich mit diesen ungeliebten Texten anfangen will, sehr wohl der Vernunft und der Verständlichkeit der Sprache. Ich fange jetzt nicht an, in Zungen zu reden, wenn ich zum Eigentlichen komme, sondern ein anderes Erklärungsmodell schwebt mir vor. Es ist nicht die westlich geprägte Vernunft seit Aristoteles, sondern es ist, wenn Sie so wollen, die Vernunft des Völkerkundlers, der völlig fremde Dinge vorfindet und versucht, sie irgendwie zu einem ganz eigenen System zusammenzubasteln. Das ist unsere Situation gegenüber dem Neuen Testament, die eines Völkerkundlers, der zu Redlichkeit aufgerufen ist und sein Gegenüber nicht verraten darf. Und das ist auch nicht sein Objekt, als müsse es mehr oder weniger krampfhaft modernisiert werden, sondern es muss zunächst einmal verstanden werden.

Die Annahme führt hinaus auf ein Modell von vier Türen. Das ist der Knackpunkt:. Ein Hausflur und vier Türen führen in vier Zimmer, die nebeneinander liegen. Diese vier Zimmer sind Regionen der Wirklichkeit oder der Realität, diese beiden Begriffe wären gleichsinnig. Ich zeige Ihnen zunächst, worauf das Modell hinausläuft. In Türe Eins finde ich, wie in den anderen auch, ein bestimmtes Modell von Wirklichkeit, bestimmte Kriterien und einen bestimmten Anspruch. In Türe Eins geht es um die naturwissenschaftliche Fragestellung, die deterministisch und kausal ist, und diese sollte man ohne Wenn und Aber nicht nur erlauben, sondern auch gegebenenfalls bewundern, auch wenn ich immer an der Effizienz dieser Fragestellung zweifle, wenn mein ICE zu spät kommt, aber das ist eine andere Sache. Das Problem tritt nur ein, wenn die Vertreter von Türe Eins meinen, sie hätten damit die gesamte Wirklichkeit erklärt oder hätten ein Recht darauf, allein gehört zu werden. Es wird gar nicht bestritten, dass sie in all den anderen Zimmern auch tätig werden dürfen. Es wird sogar gewünscht.

Bei Türe Zwei geht es um die Werte und Normen, von denen wir gehört haben. Man kann versuchen, sie aus Türe Eins abzuleiten. So habe ich neulich in einem Vortrag, sehr interessant, von einem Tierpsychologen gehört, der gesagt hat, die Tiere haben auch Werte und das ist alles genetisch durch Lernprozesse erklärbar. Man kann also versuchen, diese Werte irgendwie zu erklären, aber warum ich das nun tun soll und warum sie für mich gelten, warum der Mensch eine Würde hat und die Zecke nicht? Das darf man schließlich nicht verwechseln, und ich denke, dass man das nicht naturwissenschaftlich begründen kann. Oder dass der Mensch von

Anfang an Mensch ist, eine heikle, ethische Entscheidung. Katholische Theologie vertritt, dass der Mensch von Anfang an Mensch ist, das ist eine Wertentscheidung, die ein Mediziner weder bestätigen noch widerlegen kann. Das Kriterium dieser Werte ist, dass die Menschen auf diese Weise gut miteinander zusammenleben können. Nach Türe Eins war das Kriterium die plausible Abfolge von Ursache und Wirkung. Nach Türe Zwei ist es die Möglichkeit der Konvivenz, des Zusammenlebens.

Türe Drei, da geht es um die Ästhetik. Gemeint ist so etwas wie die relative Autonomie eines Kunstwerkes, man kann ein Kunstwerk mikroskopisch bis in alle Einzelheiten hinein untersuchen und dann warte ich schon auf die kritische Frage: „Wie wollen Sie denn sonst kritisch das Gemälde untersuchen?" Dann denke ich mir, man hat außer der mikroskopisch-chemischen Analyse einiges Anderes dazu zu sagen. Aber das fällt in den Bereich der Ästhetik und dort wird ja jahrhundertelang über den Unterschied zwischen „Hänschen klein" und Mozart gestritten, und dieser Streit ist offenbar sinnvoll. Er ist nicht müßig.

In Türe Vier geht es um das, was ich mystische Wirklichkeit nenne. Früher habe ich das „mythisch" genannt. Dann hat mir mein Verlag gesagt: „Wenn Sie, Herr Berger, ‚mystisch‘ sagen, meinen Ihre Leser in Norddeutschland, das wäre Betrug. Bei ‚mystisch‘ denken die Zuhörer an Augen-Verdrehen und Betrug". Eine Weile habe ich dann von ‚mythisch‘ geredet. Doch das ist noch missverständlicher, also ‚mystische Wirklichkeit‘, das ist meine Antwort. So heißt Raum Vier. Denn ‚mythisch‘ ist durch die Diskussion um Entmythologisierung verdorben. Und in diesem Raum geht es um bestimmte Personen transzendenter, unsichtbarer Art (das Wort „Transzendenz" verwende ich nicht gern, da es alles nur von Türe Eins her beurteilt), nämlich Gott und Teufel, Dämonen und Engel, die Seelen der Verstorbenen. Und es geht um bestimmte Verhaltensweisen der Menschen:

dass man die Toten beerdigt, seitdem es Menschen gibt, weil man an ein Weiterleben glaubt; dass man betet; dass man Offenbarungen empfängt, also ein Hinüber und ein Herüber; dass man bestimmte, kultische Riten feiert, die alle sozusagen nur die sichtbare Hälfte eines Größeren, Unsichtbaren darstellen. Diese mystische Wirklichkeit hat bestimmte Kriterien. Ich fand, dass man bei einer phänomenologischen Erfassung dann bestimmte Regelmäßigkeiten erkennt.

Die wichtigste Regelmäßigkeit ist die Konzentration von Macht, dass Wirklichkeit nicht gleichartig wahrgenommen wird, sondern konzentriert, dass also in dem Wundertäter die Macht, Wunder zu tun, konzentriert ist, dass die Zeit konzentriert ist, am Sabbat etwa. Und am Fest, wenn man das feiert, dass die Qualitäten konzentriert sind im Heiligen, in der Figur des Heiligen oder der heiligen Frau. Dass ferner hier in diesem Bereich eine Ausstrahlung per Teilhabe ein Modus ist, wie man Wirklichkeit erfährt nach dem mittelalterlichen Satz *omne bonum est diffusivum sui*, auf Deutsch: „Alles Gute hat eine Ausstrahlung". Dass man dem Eins-Sein, Einig-Sein bei Einigkeit unter Menschen eine geradezu wunderhafte Macht zutraut. Dass, wenn zwei Frieden schließen, sie Bäume versetzen können und Berge oder bei Menschen Gott Frieden schließen lässt, Jesus unglaubliche Kraft verleiht. Dass hier eine dualistische Struktur vorherrscht, im Judentum und Christentum, jedenfalls, dass der Bereich der mystischen Wirklichkeit zweigeteilt ist in Gott und Engel und Teufel und Dämonen auf der anderen Seite, dass es eine Unverhältnismäßigkeit gibt zwischen Ursache und Wirkung, dass Jesus zu Lazarus sagen kann: „Raus, hier!" und er kommt raus. Diese Unverhältnismäßigkeit von Ursache und Wirkung liegt ja auch dem gesamten Gedanken des Opfers in allen Religionen zugrunde, dass ein kleines Stückchen geopfert wird, um das Große zu erhalten. Das sind Merkmale, diese Aufzählung kann man noch beliebig verlängern, die ich -

das ist mein Anspruch - auf wissenschaftliche Weise erhoben habe durch Beschreibung von verschiedensten christlichen und jüdischen und islamischen Riten und Texten, das ist mein Haupttätigkeitsfeld, die außerkanonischen Texte hier miteinzubeziehen, weil die ganze Fülle dieser Anschauung sich hier zeigt, aber eben auch Texte und Praxis der allgemeinen Religionsgeschichte, die hier zu Buche schlagen und die, wenn man sie beobachtet, und das tue ich eigentlich seit meiner Oberschulzeit, zu ähnlichen Ergebnissen führen. Also nicht ein „Welt-Ethos", wie Hans Küng möchte, sondern eine Art von gemeinsamer Wahrnehmung der Wirklichkeit Gottes und der Engel und der Gegenseite. Also wirkliche Religion und nicht Ethik, wie bei Hans Küng.

Die Methode, mit der ich das tue, hat Anleihen bei der Phänomenologie gemacht. Für mich war auf dem Weg dahin nicht nur Edith Stein wichtig, die ja bei Husserl gelernt hat, wie gesagt: Anleihen. Es geht nicht darum, dass ich die phänomenologische Dogmatik übernehme. Ich bin kein Hegelianer und habe mit dem deutschen Idealismus nichts zu tun. Meine Lehrmeister waren katholische Liturgie, Judentum in Fülle und Nikolaus Cusanus. Diese drei unterschiedlichen Größen haben mich eigentlich geprägt, aber nicht Hegel und der deutsche Idealismus, und schon gar nicht Karl Rahner. Ein Schlüsselerlebnis war die Beschäftigung mit der Psychologie des Neuen Testaments im Rahmen der Auseinandersetzung mit Gerd Theißen in Heidelberg, der eine Psychologie des Urchristentums geschrieben hat. Bei mir war die Voraussetzung immer: „Es könnte ganz anders sein als nach unseren Modellen der Wahrnehmung und Erklärung". Die Wahrnehmung: eben nicht von anthropologischen Konstanten dominiert. ‚Anthropologische Konstanten' heißt, das ist immer wieder dasselbe Spiel von Eigentlichkeit und Uneigentlichkeit, von Faktum und Bedeutsamkeit. Es könnte ganz anders sein. Nicht von Außen und Innen, sondern völlig extrovertiert, für unsere Vorstellung geradezu abenteuerlich. Eine der Thesen war: Nach der Anschauung des Neuen Testaments liegt die Seele des Menschen wesentlich auf der Haut. Daher wird geheilt mit den Schweißtüchern der Apostel. Heute würde man sagen „typisch katholischer Aberglaube", die Taschentücher von Petrus und Johannes werden den Leuten aufgelegt. Warum? Weil hier nach der Apostelgeschichte in der Haut das Entscheidende geschieht. Daher die Salbungen, und „Christus" der Gesalbte. Da wird nicht sein Magen gesalbt mit einer heilsamen Tinktur, sondern seine Haut. Und das heißt, die ganze Unterscheidung von Außen und Innen, die wir machen, ist völlig haltlos. Sie ist nicht zu bestätigen durch die Bibel, wenn überhaupt ein Ausdruck zutreffend ist, dann geht es hier um „extreme Extrovertiertheit", obwohl das natürlich ein Gegensatzbegriff ist, der zeigt, dass man auf diese einfache Weise die Probleme auch nicht lösen kann, aber nur, um es deutlich zu machen, worauf die Fragen hinauslaufen.

Wenn wir noch einen Blick werfen dürfen auf die Wundergeschichten selber - nirgends wird in den Wundergeschichten auch nur angedeutet, was Wunder sind oder ob es sie überhaupt geben kann. Es wird einfach vorausgesetzt. Die entscheidende Frage ist nicht, ob Jesus das kann, sondern wer hinter ihm steht. Ob es der Herrgott ist oder die Dämonen. Hier hat sich unsere gesamte Fragestellung verschoben.

Die Vorbereitungsgruppe hat mir die Frage gestellt: „Warum wird bei uns die Existenzfrage so stark betont?" Antwort: Eine kleine radikale Minderheit innerhalb der Weltgeschichte hat sich auf den Atheismus eingespielt, seit Mitte des 19. Jahrhunderts in Nordamerika und Mitteleuropa. Nicht in Südeuropa, die sind erst dabei, sich auf diese verhängnisvolle Weise zu „modernisieren". Aber Mitteleuropa hat die Konsequenz in der weiteren Entwicklung gezogen. Man nennt sie Deismus (ein Vernunftgott, der nicht in der Welt wirken kann), und eine der Folgen bestand darin, dass die Mehrheit der Menschen gesagt hat: „Dann lieber gar nichts glauben", man lebt „oben ohne" und von daher wird natürlich die Frage, ob es Wunder geben kann, mit der Frage nach Gott identisch. Wunder gab es vom deistischen Standpunkt nicht. Deismus heißt, Gott ist ein weltferner Vernunftgott: „Ich glaube nur an die Vernunft, und wenn ich an Gott glaube, dann nur, weil er mit Vernunft identisch ist." Das ist Deismus. Das finde ich eine unzureichende dogmatische Festlegung. Aber hier wird Dogmatik einfach durchgeführt an den Texten und deren Fremdheit nicht geachtet. Deren Konstruktion, wie gesagt, geht davon aus, dass Wunder eine Konsequenz der angenommenen Türe Vier sind.

Es geht nicht um die Frage, ob man an Transzendenz glaubt oder nicht, an Wunder glauben mag oder gerade das nicht kann. Sondern ich will beschreiben, was bei Wundern in und unter Menschen geschieht. Ich will auch nicht mit Wundern Gott beweisen. Ich verzichte daher auf die Verarbeitung von Wundern in einem System.

Dazu noch zwei abschließende Bemerkungen: Einmal, dieses Weltbild von Türe Vier ist nicht in sich unkritisch. Es geht hier nicht darum, dass Menschen einfach naiv etwas glauben. Wer das denkt, unterschätzt die Texte und die Unterschiedlichkeit der Wahrnehmungen auch in sich selbst. Es ist zum Beispiel notwendig, dass Visionsberichte, die wichtig sind, zwei- oder dreimal wiederholt werden, zumindest ähnlich. Die Apostelgeschichte ist das beste Beispiel. Die Bekehrung des Paulus wird dreimal erzählt. Nicht weil verschiedene Redaktoren zu verschiedenen Zeiten daran herumgeschnipselt hätten, sondern weil es für eine so wichtiges Ereignis nötig ist, es dreimal zu erzählen. Der Name muss zweimal genannt werden, um Missverständnisse auszuschließen. „Saulus, Saulus warum verfolgst du mich?" Es gilt also die juristische Regel nach Deuteronomium 19, 15:

„Zwei bis drei Zeugen sind für jede Sache nötig". Deshalb die Fülle der Zeugenberichte am Schluss der Evangelien. Sie kennen das. Das sind auch Texte, die für Ostersonntag, Ostermontag, Weißen Sonntag und weit in die Osterzeit hinein ausreichen, um die Perikopenanforderungen zu bestreiten. Die zwölf Augenzeugen werden hervorgehoben, weil zwölf die ideale Zahl von Zeugen ist. Das kennt man noch heute aus der Juristerei, „Die zwölf Geschworenen", ein berühmter Film.

Zwölf war die ideale Zahl, und nicht zuletzt deshalb wird darauf Wert gelegt, dass es zwölf bzw. elf plus eins sind - Lukas legt da besonderen Wert darauf: elf plus eins (Sie wissen doch, Matthias, der einzige Apostel, der in Deutschland beerdigt ist, wurde gewählt). Man legt Wert darauf, festzustellen, der erscheinende Jesus war kein Totengeist, kein Gespenst.

Das gilt beim Gehen Jesu auf dem Wasser, und dieselbe Frage gibt es nach Ostern. Und um sicherzustellen, dass es kein Totengeist ist, zeigt Jesus, dass er etwas essen kann, denn ein Geist kann nichts essen. Sie kennen auch die endlose Liste der Zeugen in 1 Kor 15, die Betonung: „Davon leben noch viele". Das alles sind keine historischen Beweise, aber sie sind nach dem besten Wissen und Gewissen der Schreiber alles andere als irgendwelche erbaulichen Berichte, die nur den Glauben der Menschen stärken sollen, sondern sind dazu gedacht, die Menschen aufmerksam zu machen, dass sie hier um die Vielzahl der Zeugen nicht herumkommen.

Ich möchte mit diesen vier Türen erreichen, dass die Wirklichkeit, über die wir hier reden, keine private oder krankhafte oder nur eingebildete oder nur subjektive ist. Subjektiv wird der Glaube bestätigt. Das finde ich aber nicht als die Intention dieser Berichte. Hier geht es um die Wirklichkeit Gottes, und die ist immer eine kirchliche, deshalb 1 Kor 15. Da geht es nicht um das Subjekt, sondern da geht es um die Vielzahl der Zeugen. Das macht das

Christentum aus. Und gewonnen werden durch diese Vielzahl der Zeugen andere; das ist der kirchliche Charakter. Die Intention ist also: Es geht nicht um Privates oder Krankhaftes, sondern nach dem Interesse der Autoren um etwas Objektives, wenn auch nicht im Sinne der Naturwissenschaft. Das beansprucht auch niemand. Ich finde, man soll den Naturwissenschaftlern sagen: „Tut euren Job; tut ihn ganz! Und verschont keine der vier Türen davon." Wenn Menschen eine Vision haben, dann hat dies natürlich Widerspiegelungen im körperlichen Geschehen. In Medjugorje ist ein berühmter Wallfahrtsort in Bosnien-Herzegowina. Der größte Wallfahrtsort im Augenblick für Moslems und Christen - und dort hat man die Seherin natürlich psychiatrisch untersucht während ihrer Vision. Da gibt es eine Korrelation im Körper, völlig klar, aber dadurch hat man natürlich nicht die Vision erklären können oder deuten können oder auch nur einen Sinn herausbekommen können. Nach dem Modell der vier Türen könnte hier gelten: Ein Nebeneinander ist noch keine Schizophrenie. Die Gefahr bestünde nur, wenn die Vertreter von Türe Eins meinten, alles erklären zu müssen, weil alles erklärbar sei. Das meinen die Vertreter von Türe Vier nicht. Und ich kann mich in der katholischen Kirche an keinen Zeitpunkt erinnern, wo man meinte, alles erklären zu müssen, etwa mit Hilfe von Denzinger oder anderen fragwürdigen dogmatischen Sammlungen.

Ich möchte nicht versuchen, für Wunder und Glauben irgendwo eine Nische zu finden, eine Nische, die uns Naturwissenschaftler zugestehen. Ich möchte dafür eintreten, dass diese vier Modelle - die Anzahl ist erweiterbar, ist rein zufällig zustande gekommen -, nicht harmonisierend ineinander gepresst werden müssen. Wir müssen nicht versuchen, Wundergeschichten moralisch zu interpretieren, sondern lasst doch das Feld der Moral neben dem der Gesundheit autonom bestehen! Autonomie ist eine wichtige Voraussetzung.

Eine letzte Nebenbemerkung: Diese Wundergeschichten öffnen unseren Blick

dafür: Einen Unterschied zwischen materiell und immateriell, zwischen Geist und Materie gibt es in der Bibel nicht. Wenn moderne Menschen sich tagelang streiten über das Verhältnis von Geist und Materie, kann ich als Bibliker sagen: Wir kennen das gar nicht. Für uns ist es völlig neu und völlig abartig. Denn der Gegensatz von *pneuma* und *sarx* ist nicht der von Geist und Materie, sondern da geht es um verschiedene Mächte, denen der Mensch ausgesetzt ist. Es gibt alte Mächte, von gestern, und neue Mächte, das ist der Punkt hier, und nicht die Reduzierung auf materielle oder immaterielle.

Fazit: Die Wunder sind Fenster in die Wirklichkeit Gottes. Wer die Wunder zum eigenen Problem macht, hat ihre Funktion falsch eingeschätzt, und nichts ist peinlicher, als einen Wunderglauben zu befehlen. Nichts ist peinlicher, sondern sie sollen ja gerade die Menschen aufmerksam machen, und sie weisen letzten Endes hin auf Freude und Zukunft. Die biblischen Texte denken nicht von der Vergangenheit her, sondern von dem Neuen, das, was auf die Menschen zukommt. Der biblische Gott ist immer ein Gott der Zukunft. Und in den Wundern wird das angedeutet, zeichenhaft, was Gott überhaupt mit der Schöpfung vorhat.

Mitwirkende bei Symposium und Spring-School

Roman Bauer, Prof. Dr., Professor am Fachbereich Physik/Neurophysik der Universität Marburg

Klaus Berger, Prof. Dr., Professor für Neutestamentliche Theologie an der Evangelisch-Theologischen Fakultät   der Universität Heidelberg

Brack-Bernsen, Prof. Dr., Professorin für Wissenschaftsgeschichte an der Universität Regensburg

Sigmund Bonk, Prof. Dr.,Professor für Philosophie an der Universität Regensburg

Hans-Rainer Duncker, Prof. Dr., Professor am Institut für Anatomie und Zellbiologie, Universität Gießen

Ulrich Eibach, Prof. Dr., Professor für Systematische Theologie und Ethik an der Universität Bonn

Hans Flohr, Prof. Dr., Professor am Institut für Hirnforschung (Abteilung Neuropharmakologie) an der Universität Bremen

Peter Janich, Prof. Dr., Professor für Systematische Philosophie/Theoretische Philosophie an der Universität Marburg

Ulrich Kropač, Prof. Dr., Professor für Didaktik der Religionslehre, für Katechetik und Religionspädagogik in der Theologischen Fakultät der Katholischen Universität Eichstätt-Ingolstadt

Walter v. Lucadou, Dr. Psychologie und Physik, Leiter der Parapsychologischen Beratungsstelle in Freiburg i.Br.

Reinhard Merkel, Prof. Dr., Professor für Strafrecht und Rechtsphilosophie an der Universität Hamburg

Siegfried Scherer, Prof. Dr., Professor für Mikrobielle Ökologie im Department für Grundlagen der Biowissenschaften der TU München

Christiane Thim-Mabrey, Prof. Dr., Professorin für Deutsche Sprachwissenschaft an der Universität Regensburg

Alf Zimmer, Prof. Dr., Professor für Allgemeine und Angewandte Psychologie an der Universität Regensburg